Elisabeth Seiler

Berufen und geführt

Erlebnisse einer Chinamissionarin (I)
Bearbeitet von Erich Mauerhofer

VLM

Verlag
der Liebenzeller Mission
Bad Liebenzell

ISBN 3 921113 23 7

9. Taschenbuchauflage 1987
78.–82. Tausend der Gesamtauflage

Umschlagzeichnung: Franz Reins
Gesamtherstellung:
St.-Johannis-Druckerei C. Schweickhardt, 7630 Lahr-Dinglingen
Printed in Germany 23026/1987

Inhalt

Vorwort

Unsere ehemalige Chinamissionarin Schwester Elisabeth Seiler ist schon von Natur aus ein Original. Aber sie ist noch viel mehr ein Original durch Gottes Gnade, nämlich in ihrem unerschütterlichen Gottvertrauen.

Originale kann man nicht kopieren. Auch nicht in der Reichgottesarbeit. Doch können sie uns Mut machen zur Nachfolge, zur Hingabe im Glauben und im Dienst.

Das ist auch der Sinn dieses Büchleins. Es hat zwei Fortsetzungen. Sie geben keine Biographie der Verfasserin, sondern erzählen, was sie mit Jesus Christus und im Dienst ihres Herrn erlebt hat und wie Gott immer noch Wunder tut und zu seinem Wort steht. Der Stil des Erzählens wurde bewußt beibehalten.

Die Verfasserin ist ein Mensch wie andere auch: schwach, oft gebrechlich und schlicht; aber gerade dann, wenn wir aus uns selbst nichts vermögen, kann unser Herr uns zum Dienst ausrüsten und uns als seine Werkzeuge gebrauchen. Der Apostel Paulus hat dieses Geheimnis eines gesegneten Dienstes mit den Worten angedeutet: „Von Gottes Gnade bin ich, was ich bin. Und seine Gnade an mir ist nicht vergeblich gewesen" (1. Kor. 15, 10).

Lienhard Pflaum

I. Mein Weg zur Mission

Die Saat der Mohren

Schon mit neun Jahren hatte ich den brennenden Wunsch, einst in die Mission gehen zu dürfen. Wie kam das? — Wir hatten einen gläubigen Lehrer, der viel von Afrika erzählte. Am meisten erschütterte es mich zu hören, daß Missionare hinausgezogen waren, die gleich nach ihrer Ankunft im Heidenland getötet wurden. Darauf sagte unser Lehrer einen Vers, der mir sehr zu Herzen ging:

Es wurden zehn dahingesät,
als wären sie verloren,
doch über ihren Gräbern steht:
„Das ist die Saat der Mohren!"

Ich sagte zu meinem lieben alten Lehrer: „Wenn ich groß bin und der Herr Jesus mich haben will, dann gehe ich zu den Heiden." — „Aber", dachte ich, „wie soll ich es nur machen, daß ich nicht gleich getötet werde, ehe ich ihnen gesagt habe, daß Jesus sie liebhat? — Ich will ihren Kindern etwas mitbringen, was ich selber gern habe. So gewinne ich die Eltern, und diese werden mir gewiß so lange zuhören, bis ich es ihnen kundgetan habe, daß Jesus sie liebhat." — „Wenn ich ihnen das mitgeteilt habe, dann dürfen sie mich töten", sagte ich zum Herrn Jesus.

Nun, was denkt ihr, was ich wohl den Negerkinderlein mitbringen wollte? — Meine Osterhasen!

Von da an habe ich alle meine Osterhasen aufbewahrt, damit ich ein ganzes Tablett voll mit nach Afrika bringen könne. Daß aber diese Hasen in der großen Hitze „davonlaufen" würden, daran habe ich damals natürlich nicht gedacht.

Mein guter Lehrer, der mein Sehnen, mehr über Missionsarbeit zu hören, verstand, sagte mir, ich dürfe ihn, so oft ich wolle, auf dem Weg zur Schule an seinem Hause abholen, dann könne er mir unterwegs erzählen. Das habe ich denn auch fleißig getan und bekam darum auch einen schönen Namen in der Schule. Sobald ich morgens zur Tür hereintrat, riefen sie, ihre Finger nach mir ausstreckend: „Da kommt die Religioooooon!"

An zwei Gräbern

Durch mein kleines Schwesterlein, das sieben Jahre jünger war als ich, kam ich ganz nahe zum Heiland. Vor dem Sterben sagte sie zu mir: „Ich gehe bald zum Herrn Jesus. Wenn ich hierbleiben könnte, würde ich in die Mission gehen; nun aber gehe du für mich!" Das war eine wunderbare Bestätigung meines Sehnens, von dem nebst Gott niemand etwas wußte als mein ehemaliger Lehrer.

Am Sarge meiner lieben kleinen Schwester übergab ich mein Leben bewußt dem Herrn. — Ich zählte damals neunzehn Jahre. — Etwas später starb noch meine liebe Mutter. An ihrer Beerdigung begrub ich mit ihr meinen einzigen großen Wunsch; denn jetzt durfte und konnte ich meinen lieben Vater nicht verlassen.

Dann kam aber eines Tages Gottes Ruf ganz deutlich an mich, in die Mission zu gehen.

Meine zweite Mutter

Ich betete: „Bitte, lieber Heiland, schenke mir wieder eine Mutter, damit ich zur Mission gehen kann und Vater nicht allein sein muß." Jesus erhörte mein Flehen und zeigte mir meine Mutter sonntags in der Kirche. Ich hörte laut sagen: „Schau, dort kommt deine Mutter." Ich bat den Herrn: „Lieber Heiland, wenn du mir das gesagt hast, dann bitte, sage der Frau, daß sie in der Kirche zu mir herkommen soll, um mir die Hand zu geben." Wäre mir diese Bitte nicht von Gott aufs Herz gelegt worden, wäre ich nie auf einen solchen Gedanken gekommen. Ich machte mir auch gar keine Sorgen, ob und wie das Gott bewerkstelligen könne, da um mich her so viele junge Mädchen saßen und mich die Frau doch nicht kannte. Dazu kam noch die „Schwierigkeit", daß sie, wie sie mir hernach erzählte, an jenem Sonntag zum erstenmal in dieser Kirche dem Gottesdienst beiwohnte.

Aber sie kam zu mir her mit der Bitte, mir die Hand drükken zu dürfen, genau wie ich es erbeten hatte.

Sie wurde meine mir von Gott geschenkte Mutter, und ich konnte zur Mission gehen.

Es sind erst einige Jahre her, daß meine liebe Mutter heimgegangen ist. Ihre letzte große Freude auf Erden war, ihre Elisabeth noch einmal sehen zu dürfen. Die Schwester, welche mich mit dem Auto zu ihr brachte, sagte hernach zu mir: „So etwas habe ich noch nie gesehen, wie man bei einer sterbenden Mutter feiern kann."

„Ich will vor dir her gehen!" Jes. 45, 2

Wieviel Zurechtbringen, wieviel Gnade und Barmherzigkeit, wieviel Liebe und Geduld Gottes durfte ich erfahren, bis er mich für den Missionsdienst zubereitet hatte. O diese Wunderwege! Gelobt sei Gott! Sein heiliger Name sei gepriesen!

Es war trotzdem nicht so leicht, von meiner lieben Mutter weg zur Mission zu kommen. Als ich sie nämlich um Erlaubnis bat, waren die Türen nicht nur geschlossen, sondern verrammelt bis obenan. Die Mutter sagte: „Bin froh, daß ich dich habe; ich geb dich nimmer her." Ich legte das dem Herrn hin und bat ihn um Weisung. Er antwortete mir: „Gehe bis zur Tür, dann geht sie auf." Voll Vertrauen ging ich dann zum Vater. Zu meiner großen Verwunderung erklärte er: „Wenn du denkst, daß du in der Mission glücklich bist, dann darfst du gehen. Ich möchte meine Kinder glücklich wissen. Doch eines muß ich dir sagen: Wir können dir weder Kleider noch Schuhe kaufen. Wenn du deinem Gott vertrauen kannst, dann darfst du gehen." — „Ja", entgegnete ich freudig, „ich vertraue meinem Gott." Die Worte meines Vaters freuten mich riesig. Ich hatte nämlich gerade zuvor die Lebensbeschreibung von Georg Müller, dem Waisenhausvater von Bristol, gelesen. Dieser Mann hat Gott vertraut. „Und so wie dieser Mann vertraut hat", dachte ich, „möchte ich auch einfach durch alles hindurch Gott vertrauen." Dazu bekam ich dann ja reichlich Gelegenheit.

Durch meines Vaters Antwort beeinflußt, hat auch meine liebe Mutter zugesagt. Sie rechnete zwar fest damit — wie sie mir später erzählte —, daß ich nicht tropentauglich sei.

„Er wendet sich zum Gebet der Verlassenen und verschmäht ihr Gebet nicht." Ps. 102, 18

Bei welcher Mission sollte ich mich nun melden? Freunde von mir waren in der Basler Mission tätig, und ich wußte von ihrer Arbeit auf den Missionsfeldern in Afrika. Dagegen hatte ich die Liebenzeller Mission erst gerade kennengelernt. Um mir ein besseres Urteil bilden zu können, ging ich einige Tage nach Liebenzell in die Ferien. Dort erhielt ich wieder einen neuen Namen: „Fräulein Sonnenschein."

Anschließend meldete ich mich bei den beiden genannten Missionsgesellschaften an, da mir nicht klar war, wo der Herr mich haben wollte. Wenn Jesus mich bei den Schwarzen, die ich sehr lieb hatte, gebrauchen wollte, dann sollte ich zur Basler Mission gehen können. Ich betete zum Herrn: „Bitte mach, daß *die* Missionsgesellschaft *zuerst* Antwort gibt, bei der du mich haben willst." Dann wurde ich innerlich ganz ruhig.

Beide Antwortbriefe kamen mit derselben Post! Bevor ich die Briefe öffnete, legte ich sie auf den Knien dem Herrn dar und bat um klare Weisung. Er wußte ja, daß ich ihm alles auf den Altar gelegt hatte.

Den Brief aus Basel öffnete ich zuerst. „... Wir nehmen über die Kriegszeit keine Schwestern auf." — Was schrieb wohl Liebenzell? — „... Senden Sie bitte Ihren Lebenslauf ..." Der Entscheid war gefallen. — Der Herr hatte entschieden, und ich war still und dankte.

Zur Tropenuntersuchung nach Tübingen

„Du aber, Herr, wollest deine Barmherzigkeit von mir nicht wenden; laß deine Güte und Treue allewege mich behüten" (Ps. 40, 12).

Auf der Reise nach Tübingen setzte mir der Feind so sehr zu, daß ich umgekehrt wäre, hätte ich nicht im Auftrag des Herrn gehandelt. Ich kam ganz müde und zerschlagen in Tübingen an. Kaum brachte ich es fertig, zum Tropenheim zu gehen. Als ich endlich dort anlangte, wollte es nicht besser werden. Dennoch wagte ich es, das Haus zu betreten. Eine Schwester kam und fragte nach meinem Begehren. In abgebrochener Rede stotterte ich: „Ich möchte — mich gerne — untersuchen — lassen — auf Tropentauglichkeit." Ich konnte es kaum herausbringen und mußte zwischenhinein nach Luft schnappen wie eine Achtzigjährige. Die Schwester sah mich mitleidig an und erwiderte, sie wolle es Herrn Professor mitteilen. Ich nahm Platz und rang und kämpfte innerlich weinend: „Herr Jesus, du hast mich gerufen, und ich vertraue dir. Bitte, offenbare dich mir und gib mir ein kleines Zeichen als Bestätigung deines Rufes. Sage mir bitte die zwei Wörtlein ‚Komm mit!'"

Ich flehte um diese zwei Wörtlein, bis die Schwester zurückkam und berichtete, daß ich über Nacht bleiben solle, da die Untersuchung erst am nächsten Tag stattfinden könne. Ich schleppte mich ihr nach die Treppen hoch. Immer wieder flehte ich: „Bitte, Herr Jesus, sag mir doch nur die zwei Wörtlein ‚Komm mit!'" — Oben angelangt, drückte die Schwester auf eine Türklinke und sagte zu mir: „Hier ist Ihr

Stübchen." Ein Sonnenstrahl fiel mir aus dem Zimmer entgegen. Die Anschrift an der halbgeöffneten Tür war golden beleuchtet. Was stand da geschrieben? — „Komm mit!" —

Alle Not, alle Anfechtung, alle Schwäche waren wie auf einen Schlag verschwunden. Ich fiel auf meine Knie und jauchzte, lobte und dankte: „Ja, Herr, ich bin bereit; ich komme!"

Die Untersuchung fand noch am selben Tag statt. Der freundliche Herr Professor sagte: „Wenn es so brennt, darf ich Sie nicht warten lassen." Bald einmal konnte er mir mitteilen, daß meine Organe alle gesund seien. O Wunder! Ich war beglückt. „Nun kommt noch eine sehr wichtige Probe", fuhr der Professor fort, „wir müssen wissen, ob Sie Chinin ertragen können." Er gab mir die Pillen. „Morgen früh komme ich an Ihr Bett und schaue nach. Wenn Sie einen Ausschlag kriegen, sind Sie nicht tropentauglich. Hoffen wir das Beste!" Ich schlief friedlich und gut, erwachte aber während der Nacht vor großem Hunger. Ich stand auf, um mein Reisebrot zu essen. Dabei dachte ich: „Muß doch mal nachsehen, wie es aussieht!" O weh! Ich hatte den gefürchteten Ausschlag! Unfaßbar! Ich holte die Lampe näher, um zu sehen, ob ich mich wirklich nicht getäuscht hatte. Nein, es war so. Inbrünstig flehte ich zum Herrn. Da gab er mir das Wort ein in Lukas 17, 14: „Gehet hin und zeiget euch den Priestern! Und es geschah, da sie hingingen, wurden sie rein." Ich dankte dem Herrn und sagte: „Der Herr Professor ist nun also der Priester, und ich zeige mich ihm und bin rein. Innigen Dank!" Froh schlief ich wieder ein und erwachte nicht mehr, bis es Morgen war. „Guten Tag", grüßte der ‚Priester' beim Eintreten. „Wie geht es Ihnen?" — „Danke, Herr Professor, ich hatte letzte Nacht einen riesigen Hunger." — „Gut", entgegnete der freundliche Herr, „heute gibt es Koteletten, da erhalten Sie das größte Stück. Hatten Sie kein Ohrensausen?" — „Nein, Herr Professor." — „Nun, dann wollen wir sehen, wie es mit dem Ausschlag steht." Blitzartig fiel mir wieder ein: „Und es geschah, da sie hingingen, wurden sie rein." Ich wußte ja nicht, wie es nun um meinen Ausschlag bestellt war; ich hatte nicht mehr nachgeschaut bis zum Morgen, sondern nur noch geglaubt, daß alles rein sei. – „Sie sind tropentauglich", hörte ich jetzt die Stimme des Professors sagen. „Preis dem Herrn, Halleluja!"

Froh und leicht kehrte ich nach Hause zurück. Dort angelangt, rief ich zur Tür hinein: „Mutterle, tropentauglich!"

II. Missionshauszeit

„Geh voran, du großer Meister, so will ich dir folgen nach!"

Am 26. Oktober 1916 trat ich ins Missionshaus der Liebenzeller Mission ein, nachdem ich 18 Jahre lang auf einen diesbezüglichen Ruf gewartet hatte. Die Tische im Eßraum waren ganz festlich geschmückt. Einen Empfang mit so viel Blumen hätte ich mir nicht träumen lassen! Wie schon so manches in meinem Leben faßte ich auch diesen lieblichen Empfang ganz persönlich auf, auch wenn ich eine solche Aufwendung nicht begreifen konnte. Ich genoß es in vollen Zügen. Erst am Abend merkte ich dann, weshalb alles so festlich geschmückt war: Die Englisch-Lehrerin feierte nämlich ihren Geburtstag. Es schadete aber nichts, daß ich mich so gefreut hatte.

Im Liebenzeller Missionshaus wollte ich das mit Gottes Hilfe üben, was Georg Müller, der Waisenhausvater von Bristol, getan hatte. Ich wollte es lernen, in ganzer Abhängigkeit vom Herrn zu leben. Ich versprach dem Herrn, keinem Menschen zu sagen, wenn ich etwas benötigte, sondern mich allein an ihn zu wenden. So habe ich es denn auch gehalten. Wenn ich eine Briefmarke brauchte, so sagte ich es Jesus, und am Abend lag sie auf meinem Bett. Woher sie kam, wußte ich nicht. Solch wunderbare Hilfe im Kleinen ermutigte mich; denn ich besaß ja keinen einzigen Pfennig. Wohl hatte ich einen Geldbeutel, aber vom Inhalt hat nie jemand etwas erfahren oder gesehen.

Erhielt ich mal Geld, dann war es immer genau so viel, wie ich erbeten hatte. Alle diese Erlebnisse haben mich in meinem Glaubensleben sehr gestärkt.

Das himmlische Telefon

Eines Tages erhielt ich ganz unerwarteten Besuch. Es war eine Pfarrfrau. „Elisabeth", sagte sie zu meinem großen Erstaunen, „wenn du irgend etwas brauchst, dann teile es mir bitte mit, denn du gehörst ja zu uns; ich werde es dir gerne senden." Das war überaus lieb gemeint, aber es wäre ein leichterer Weg gewesen und hätte mich aus meiner Abhängigkeitsstellung dem Herrn gegenüber herausgebracht. — „Ich danke Ihnen sehr, Frau Pfarrer", erwiderte ich, „aber ich werde es Ihnen nicht mitteilen, wenn ich etwas brauche." —

„Ja, bist du denn so stolz geworden?"

„O nein", antwortete ich, „gerne nehme ich etwas von Ihnen an, aber nur auf einem anderen Weg."

„Wie meinst du das?"

„Ich will es über oben gehen lassen."

„Ja, wie weiß ich es dann?" fragte Frau Pfarrer zögernd. „Ich habe ein gutes Telefon!" erklärte ich ihr. „Ich telefoniere hinauf, und dann telefoniert der Herr Jesus zu Ihnen herunter. Dann dürfen Sie es mir gerne senden."

„Glaubst du, Elisabeth, daß ich es auch hören werde?"

„Ganz gewiß, Frau Pfarrer."

Als sie fort war, sagte ich es alles dem Herrn Jesus und erklärte ihm, wie ich es mit Frau Pfarrer abgemacht hatte.

Nicht lange darauf hätte ich 2.50 Mark haben sollen. Ich sagte es dem Heiland und bat ihn, es Frau Pfarrer mitzuteilen. Prompt erhielt ich nach zwei oder drei Tagen das gewünschte Geld mit der Bemerkung: „Habe ich recht gehört?" Ich bedankte mich voller Freude, brauchte dazu aber wieder eine Postkarte. Diese lag abends auf meinem Bett. So durfte ich der lieben Frau Pfarrer zum Segen gereichen über das „himmlische Telefon".

„Lob, Preis und Dank sei dem Herrn, der alles so wunderbar geführt hat."

„Welche auf ihn sehen, die werden erquickt, und ihr Angesicht wird nicht zuschanden." Ps. 34, 6

Einmal war ich sehr krank. Ich hatte Grippe. Da man zu der Zeit — es war während des Krieges — weniger kräftige Nahrung erhielt, kam ich nach überstandener Krankheit nicht recht zu Kräften. Da sagte der Herr zu mir: „Elisabeth, bitte um ein Ei." — Ich erwiderte: „Herr Jesus, ich wage es nicht, um ein Ei zu bitten, denn ich weiß, daß meine liebe Mutter zu Hause eine ganze Familie zu ernähren hat und kein Ei besitzt." Wieder hörte ich die Stimme sagen: „Bitte um ein Ei." — „Lieber Heiland", betete ich, „wenn du mir ein Ei schenken willst, dann bitte, gib mir eins."

Als ich kurz darauf in mein Zimmer trat, sah ich ein Ei auf meinem Bett liegen. Wie staunte ich! „Ja, seit wann legen denn die Hühner Eier auf meinem Bett?" rief ich aus. „Wer hat mir denn das hingelegt?" erkundigte ich mich bei der Schwester im Zimmer. „So fragt man nicht, wenn der Herr Jesus einem etwas schenkt", entgegnete sie. Sofort habe ich mich dann bei Jesus herzlich bedankt.

Blinder Gehorsam

Eines Tages sagte der Herr zu mir: „Gehe zur Englisch-Lehrerin hinunter!" — Diese wohnte ein Stockwerk tiefer im gleichen Haus. — Ich wußte nicht, was dieser so unvermittelt kommende Auftrag zu bedeuten hatte; aber ich wußte aus Erfahrung, daß ich nicht fragen durfte, wenn der Herr mich irgendwohin senden wollte. Es hat sich ja immer bald genug gezeigt, was er vorhatte. Diesmal aber hatte ich doch Bedenken, da ich gar nicht wußte, was ich zur Lehrerin sagen sollte. Ich bat um Klarheit, erhielt aber keine Antwort. Ich stieg die Treppe hinab und ging im Flur hin und her. Ich wagte es nicht anzuklopfen. Mein Verstand war mir im Weg. Plötzlich ging die Zimmertür auf, und die Lehrerin trat heraus. Ich erschrak nicht wenig, als sie mir gleich entgegenkam. „Ich habe den Heiland gebeten", so redete sie mich an, „Sie zu mir zu schicken. Kommen Sie herein!" Ich trat ein. Die Lehrerin fuhr fort: „Ich bekam heute doppelt soviel Milch wie sonst, und nun müssen Sie bei mir Milch trinken; Sie haben es nötig; Sie sind noch so schwach." — Von da an durfte ich jeden Tag zu ihr gehen, um eine Tasse Milch zu trinken, was mir sehr bekömmlich war. Ich kam so wieder zu Kräften und habe dazu noch lernen dürfen, blindlings zu gehorchen.

Ein fröhliches Christenleben

In einem Schaukasten unseres Missionshauses war das Büchlein „Ein fröhliches Christenleben" von Billy Bray ausgestellt. Jesus sagte eines Tages zu mir: „Kaufe dir das Büchlein." — „Ja, Herr", erwiderte ich, „aber ich habe kein Geld!" Er sandte mir auch keines. Er hat ja viele Wege, um zu helfen. Es war mir klar, daß der Herr mich etwas Besonderes lehren wollte durch diese Lebensbeschreibung; aber das Geld dafür blieb aus. — „Das wird sicher eine Überraschung geben", dachte ich. Ich erhielt die zum Kauf nötigen 2.50 Mark auf ganz andere Weise als sonst. Der Herr macht eben nichts nach Schablone.

Frau Pfarrer Coerper sagte eines Tages: „Schwestern, wir haben Korn im Haus und leider auch Mäuse. Bitte, fangt die Mäuse! Ihr bekommt Fallen! Für jede gefangene Maus, die ihr mir bringt, gebe ich euch 50 Pfennig." — „Prima", dachte ich, „fünf Mäuse geben 2.50 Mark, und dann kann ich das Buch kaufen!" —

„Ich will die Falle zuerst haben", sagte eine Schwester. — Ich betete: „Ach Herr Jesus, bitte spare fünf Mäuse für mich, damit ich das Büchlein kaufen kann." Nach einigen Tagen gab mir die betreffende Schwester die Falle und meinte: „Bei mir will keine ‚rein'." Ich nahm die Falle, brühte sie ab und richtete sie. Dann betete ich um eine Maus. In der darauffolgenden Nacht machte es plötzlich „klapp!" und die erste

Maus saß gefangen. Eine Maus und 50 Pfennig! Fünf Nächte hintereinander ging es so. Ich dankte dem Herrn und sagte: „Herr, nun brauche ich keine mehr." Ich stellte die Falle nochmals, aber ohne „Erfolg".

Sofort kaufte ich mir Billy Brays Buch. Nun aber kam noch eine andere Not dazu: Wann sollte ich das Buch lesen? — Wir hatten viel Arbeit und ausgefüllte Lernzeit. Es war kaum möglich, daneben noch ein Buch zu lesen. „Herr, bitte, hilf mir!" Da bekam ich ganz plötzlich Fieber. Frau Pfarrer sah es und schickte mich unverzüglich zu Bett. Sobald ich im Bett lag, war das Fieber weg, sonst hätte ich ja Schwindel gehabt beim Lesen. So machte ich mich denn hinter das Buch. So oft ich Besuch erhielt, war das Fieber wieder da und ging mit dem Besucher wieder fort.

„Ein fröhliches Christenleben" ist ein ganz besonderes Buch. Ich konnte vieles daraus lernen. Es wurde mir vor allem klar, daß der Herr Jesus fröhliche Leute haben will und keine Trauerweiden; sonst glaubt ja niemand, daß wir es gut haben beim Herrn. Wir möchten doch, daß Gott hochgepriesen wird durch unser Leben und daß wir hier unten auf Erden etwas seien zu Lob seiner herrlichen Gnade. — Sobald ich das Büchlein gelesen hatte, war ich wieder ganz gesund.

Von da an war Billy Brays Erzählung für mich das „Mäusebüchlein", denn Mäuse haben helfen dürfen, daß ich es kaufen konnte. So geht es bei unserem Herrn von einer Überraschung zur anderen.

„Rufe mich an in der Not, so will ich dich erretten, so sollst du mich preisen." Ps. 50, 15

Anfangs des Jahres wurde im Kurort Liebenzell hoher Besuch angemeldet. Soviel ich mich erinnere, sollte ein Prinz oder Fürst kommen. Alles mußte aufs schönste hergerichtet und vorbereitet werden. An unserem Eingang sprudelte ein schönes Brünnlein mit einem darunterliegenden kleinen

Teich, auf dessen Boden sich schöne weiße Steinchen befanden. Der Boden war jedoch im Laufe der Zeit gelb und grün geworden. Nun wurden einige Schwestern — darunter auch ich — damit beauftragt, Brunnen und Teich wieder ganz sauber zu machen. Es war aber sehr kalt draußen. Eine der Schwestern verschwand gleich wieder, und die andere sagte sehr lieb: „Du darfst jetzt üben, was uns die Lehrerin im Unterricht immer sagt: ‚Was tun die Vögelein? — Sie baden im Sonnenschein!'"

Da unten kam aber gar keine Sonne hin, und jetzt fror man ganz empfindlich, dazu noch im eiskalten Wasser. „Nun bade dich im Sonnenschein", rief mir die Schwester noch einmal freundlich zu, „mir ist es zu kalt." Und weg war sie. Ich habe aus Leibeskräften die Steine gebürstet, um sie wieder weiß zu machen. Doch ein jäher Schrecken überfiel mich plötzlich, als ich auf die Straße schaute. Da sah es aus, als hätten wir eine kleine Überschwemmung. Wo kam denn all das Wasser her? Ein Stein mußte in die Röhre gekommen sein und alles verstopft haben. Anders war es nicht zu denken. Ich eilte zu Frau Pfarrer Coerper und meldete es ihr. „O weh!" rief sie aus, „da muß man ja die ganze Straße aufbrechen und die Röhren freilegen, um den Ort der Verstopfung ausfindig machen zu können."

Ich hatte an dem Tag noch eine Abendversammlung zu halten und mußte verreisen. Bevor ich ging, bat ich den Herrn ganz innig um Hilfe in dieser Sache: „Ach Herr, bitte laß doch einen starken Wasserstrahl durch die Röhre brausen, daß die Steine durchgestoßen werden." Da erhielt ich die Versicherung, daß er helfen werde, und frohen Herzens konnte ich losziehen.

Als ich durchs Tor ging, sah ich, daß einige Brüder schon am Graben waren, jedoch noch auf unserem Grundstück. Ich teilte ihnen mit, sie brauchten nicht mehr weiter zu graben, der Herr lasse die Steine durchstoßen. Die Brüder lächelten; ich aber zog getrost weiter; ich hatte ja die ganze Angelegenheit dem Herrn übergeben. Es war nun nicht länger meine, sondern seine Sorge. Am nächsten Morgen erzählten mir die

Brüder, ich sei kaum fort gewesen, da hätten sie in der Röhre ein gewaltiges Rauschen gehört, und der Schaden sei behoben gewesen.

„Gelobt sei der Herr, der sein Kind wunderbar erhört hat. Welch ein treuer Gott!"

„Lobet den Herrn auf Erden, ... ihr Sturmwinde, die sein Wort ausrichten." Ps. 148, 7. 8

Alle Missionsschüler hatten vor dem Frühstück eine Hausarbeit zu verrichten. Ich hatte den Auftrag, das Zimmer einer Lehrerin zu besorgen und im Winter auch den Füllofen zu bereiten und zu heizen. Die Lehrerin ging sonntags meist fort, um Jugendstunde zu halten, und kam montags früh zur Frühstückszeit wieder zurück. Da mußte das Zimmer warm gemacht sein. Ich hatte schon alles vorbereitet, den Ofen mit Brennmaterial gefüllt, so daß ich nur noch anzuzünden brauchte. Das Papier brannte ab, und das Feuer war aus, ohne das Holz erfaßt zu haben. Ich hatte keine Zeit mehr, nochmals vorn anzufangen; denn gleich würde es zum Essen läuten. Ich kniete vor den Ofen und blies aus Leibeskräften hinein; aber es rührte sich nichts. Ich weinte und betete! Da hörte ich schon den Zug, der die Lehrerin herbrachte, am Bahnhof einfahren. „Herr Jesus", flehte ich, „der Ofen ist gefüllt, ich kann ihn nicht mehr leeren. Erbarme dich meiner. Bitte, laß doch einen Sturmwind kommen; vielleicht glimmt es ja noch irgendwo im Ofen. Du kannst alles; verlaß mich jetzt nicht in meiner Not." — Da kam plötzlich ein gewaltiges Brausen wie eines starken Windes, und es krachte und ächzte, und schon prasselte das Feuer im Ofen. Mir kamen die Freudentränen, und mein Herz war mit heißer Dankbarkeit erfüllt. Die Glocke rief zum Frühstück. Schnell mußte ich noch die schwarzen Hände waschen. Alles ging in höchster Eile. Das Zimmer war warm gemacht, und ich kam nicht zu spät zum Essen. Am liebsten hätte ich aufs Frühstück verzichtet, so groß war meine Freude.

„Du mächtiger, du herrlicher, du wunderbarer Herrscher über alles, Anbetung und Dank sei dir!"

Kuchen anstatt Brot

Als ich noch im Missionshaus war, hatte ich mit dem Herrn ausgemacht, in erster Linie immer an seine Sache zu denken, wenn ich darüber auch meine Sache vergessen sollte. So stellte ich mich ganz dem Herrn zur Verfügung, um mich darüber zu vergessen. Der Herr Jesus hat es übernommen, mich getreulich daran zu erinnern, wenn ich etwas Persönliches vergessen hatte.

Eines Sonntags war ich beauftragt, nachmittags Kinderstunde und abends in Hirsau Bibelstunde zu halten. Wer diesen Dienst zu versehen hatte, mußte sein Abendbrot mitnehmen. Aber an diesem Sonntag hatte ich es ganz vergessen, und der Herr Jesus hatte mich nicht daran erinnert. Warum wohl nicht? — Ich wußte es nicht. Gegen Abend sandte mich der Herr in ein bestimmtes Haus, um eine Frau zu besuchen. Wir hatten ja immer Besuche zu machen, doch dieser spezielle Auftrag war nicht vorgesehen. Als ich eintrat, empfing mich die Frau mit ausnehmend großer Freude. „O wie schön, daß Sie kommen! Ich habe darum gebetet, daß der Herr mir jemanden senden möchte, der mir Geburtstag feiern und Geburtstagskuchen essen hilft." — Ich mußte ganz herzlich lachen. „Kein Wunder, hat der Herr Jesus mich heute mein Brot vergessen lassen, wenn ich Kuchen essen soll!"

Wir freuten uns miteinander und haben vor dem Herrn gefeiert. Den Kuchen sowie den guten Kaffee habe ich mir recht schmecken lassen. Das Wort in Jeremia 32, 41 hat sich herrlich bewahrheitet: „Es soll meine Lust sein, daß ich ihnen Gutes tue."

„Mich dürstet!" Joh. 19, 28

Es war in der Revolutionszeit nach dem ersten Weltkrieg. Ich verbrachte meine Ferien in einem Dorf. Eines Tages wurde es von 200 schwerbewaffneten Soldaten umzingelt. Die Maschinengewehre wurden auf den Hügeln rings um das Dorf aufgestellt. Was hatte dieser Umsturz zu bedeuten? Es war ja Friedenszeit. Soviel man erfahren konnte, hatten die Leute des Dorfes zu wenig Abgaben entrichtet. Nun kam eine Kommission, um alle Häuser zu durchsuchen. Hätte sich jemand von der Bevölkerung dagegen aufgelehnt, so wäre der ganze Ort vernichtet worden. Man kann sich die Panik, von der alle Einwohner erfaßt waren, kaum vorstellen.

Die Soldaten erzählten, sie hätten morgens um 2 Uhr wegmarschieren müssen. Kurze Verabschiedung von den Lieben zu Hause, nicht wissend, ob sie je wieder zurückkehren würden. Im Eilmarsch ging's dem Bestimmungsort entgegen, um bei Tagesanbruch dort zu sein. Zum Glück gab es keinen Aufstand. Alle verhielten sich ruhig, und nach und nach legte sich die große Aufregung.

Mittags saß ich bei meinen befreundeten Gastgebern zu Tisch. Wir waren gerade daran, unsere Suppe zu löffeln, als der Herr ganz deutlich rief: „Elisabeth, stehe auf, gehe schnell hinunter und verkündige den Soldaten das Wort Gottes!"

Große Bestürzung! Was und wo soll ich reden? Wie soll ich die Soldaten zusammenbringen? In dem Hause, wo unsere regelmäßigen Versammlungen stattfanden, war die Gattin unseres Direktors zu Gast. Es war ganz ausgeschlossen, dorthin zu gehen. Es wäre mir kaum erlaubt worden, eine Soldatenversammlung zu veranstalten, da ich ja eine junge Schwester war. Für mich aber gab es gar keine Überlegung; denn dem Auftrag Gottes hatte ich unbedingt und unverzüglich Folge zu leisten. Ich teilte meinen erstaunten Freunden den Auftrag mit. Sie erklärten sich sofort bereit mitzuhelfen. Die Großmutter der Familie besaß gleich nebenan eine große Scheune.

Wie aber sollten wir die Soldaten herbekommen? — Da geschah ein Wunder vor unseren Augen: Die Soldaten versammelten sich alle auf dem Platz vor der Scheune. Dort sollte ihr Abtreten stattfinden. Sofort luden wir sie ein, die Scheune zu betreten. Bald war der Raum von Männern angefüllt. Schnell verteilten wir einige Liederbücher und Testamente. Wir stimmten das Lied an:

Gott ist die Liebe, läßt mich erlösen;
Gott ist die Liebe, er liebt auch mich.

Mit kräftigen Stimmen sangen die Soldaten mit.

Nachdem das Lied verklungen war, wurde es mäuschenstill. Ich erhielt vom Herrn augenblicklich den Auftrag, über das Wort „Mich dürstet!" zu reden.

Nie zuvor hatte ich den Sinn dieses gewaltigen Wortes so tief erkannt wie in diesen Augenblicken. Als Jesus dieses Wort am Kreuz ausrief, dachte er nicht nur an seinen leiblichen Durst, der ja äußerst groß gewesen sein muß; nein, er brachte damit die unbeschreibliche Sehnsucht nach deiner und meiner Rettung zum Ausdruck. Wiederholt rief ich in die Scheune hinein: „Nach dir hat er gedürstet; nach dir stand sein Verlangen! Komm und übergib dich ihm!"

Plötzlich stand einer der Soldaten auf, drückte seine Bibel mit beiden Händen an sein Herz und blickte unverwandt nach oben. Es herrschte eine heilige Stille. Alle Soldaten verfolgten die Bewegungen ihres Kameraden, der in diesem Augenblick sein Leben *dem* übergab, der so lange nach seiner Rettung gedürstet hatte. Sein leuchtendes Angesicht drückte großes Glück und stillen Dank aus.

Jesus war spürbar gegenwärtig. Diese minutenlange Stille redete lauter, als Worte es je hätten tun können. Kurz darauf schlossen wir mit Dank und Gebet unsere Versammlung. Der gerettete Soldat sagte ganz bewegt: „Wegen mir mußten wir hierher kommen, damit ich Jesus finden könne und errettet würde." Gleich darauf ertönte das Signal zum Antreten und zum Rückmarsch.

Ich hoffe zu Gott, daß sich noch viele von ihnen durch das Zeugnis ihres Kameraden haben retten lassen, und ich glaube, daß ich viele von ihnen bei Jesus wiedersehen werde.

Nach der Soldatenpredigt kehrten wir wieder zum Mittagessen zurück. Mir war fast zumute wie damals Jesus nach dem Gespräch mit der Samariterin am Jakobsbrunnen.

„Indes aber ermahnten ihn die Jünger und sprachen: Rabbi, iß! Er aber sprach zu ihnen: Ich habe eine Speise zu essen, von der ihr nicht wisset. Da sprachen die Jünger untereinander: Hat ihm jemand zu essen gebracht? Jesus spricht zu ihnen: Meine Speise ist die, daß ich tue den Willen des, der mich gesandt hat" (Joh. 4, 31—34).

Es war mir eine gewaltige Lehre, daß Gott Himmel und Erde in Bewegung setzen kann, wenn er *einen* Menschen retten will. Hier mußten 200 Soldaten, mit Maschinengewehren ausgerüstet, die halbe Nacht marschieren, um zu dem Platz zu kommen, wo Gott *einem* unter ihnen begegnen wollte. Mein Glaube wurde durch diese Begebenheit mächtig gestärkt. Dazu brannte mein Herz, mich Jesus mehr denn je in augenblicklichem Gehorsam zur Verfügung zu stellen.

Ganz dem Herrn dich hinzugeben
sei dir Lust und Seligkeit.
Sag ihm ohne Widerstreben:
„Sende mich! — Ich bin bereit!"

„Lasset die Kindlein zu mir kommen und wehret ihnen nicht."
Mark. 10, 14

Geh, trockne die Tränen,
sorg nicht wie die Welt!
Sag Jesus dein Sehnen!
Er gibt, was dir fehlt.

In einem Nachbarort von Bad Liebenzell war eine Evangelisationswoche. Ein kleines Mädchen von acht Jahren schenkte ihr Herz dem Heiland, um ihm treu nachzufolgen. Sie hatte eine Freundin, von der sie deswegen ausgelacht wurde. Ganz betrübt kam darauf das gläubige Mädchen zu mir und sagte: „Schwester Elisabeth, ich habe eine Freundin, die ich sehr liebe. Nun will sie aber nicht dem Heiland nachfolgen." — „Was willst du nun tun?" forschte ich. Sie antwortete ganz spontan: „Ich habe meine Freundin sehr lieb, aber ich habe den Heiland noch lieber. Ich muß wählen zwischen Jesus und meiner Freundin." — „Ja", bestätigte ich, „jetzt mußt du wählen und dich klar entscheiden." In ihrem Herzen tobte ein harter Kampf, doch entschied sie sich für Jesus, mußte aber trotzdem bitterlich weinen, da sie doch ihre Freundin sehr liebte.

Nach einer Weile sagte ich aufmunternd: „Ich möchte dir jetzt noch von einer ganz besonderen Lösung und Möglichkeit sagen."

Erwartungsvoll blickten mich die zwei großen, nassen Augen an. „Bete ernstlich zum Herrn Jesus, daß er deine Freundin rette. Aber zuerst gehe zu ihr und teile ihr deine eben getroffene Entscheidung mit. Sag ihr, daß du dich von ihr trennen mußt, wenn sie nicht den gleichen Weg gehen will. Sag ihr aber auch, wie sehr lieb du sie hast und daß du für sie betest, daß auch sie Jesus finden möchte."

Die tapfere kleine Christin suchte ihre Freundin auf und hielt eine ernste Unterredung mit ihr; aber leider erhielt sie als Antwort die barsche Abweisung: „Ich will nicht gläubig werden; ich will nicht zu Jesus kommen."

Das kleine gläubige Mädchen kam zur nächsten Gebetsstunde und dankte Jesus herzlich für die Erlösung. Dann aber begann sie zu weinen und zu flehen für ihre Freundin, daß es uns allen zu Herzen ging. Lange und inbrünstig betete die Kleine. Wir alle mußten weinen in unseren Herzen und rangen mit ihr um ihre Freundin.

Da brach plötzlich ein anderes Mädchen, von dessen Gegenwart ich gar nichts gewußt hatte, in Tränen aus und schrie zum Herrn: „Hilf mir, lieber Heiland, erbarme dich über mich und rette mich, ich will dir auch nachfolgen!"

Wir waren so überwältigt, daß wir in Freudentränen ausbrachen. Gab das eine Lob- und Dankstunde! Ich hatte nicht gewußt, daß die Freundin des Mädchens unter uns war, denn ich kannte sie ja nicht.

Wie wunderbar ist doch der Herr! Erst wirkt er die Entscheidung des einen Mädchens, dann die Trennung von der Freundin, und dann schenkt er die beiden einander wieder.

Wunderbar herrliche Liebe von Gott;
Lieb', o so groß!

Ein göttlicher Auftrag durch Kindermund

Als ich später wieder einmal an diesem Ort Dienst hatte, kamen mir die beiden Mädchen entgegen, grüßten mich herzlich und sagten: „Schwester Elisabeth, bitte gehen Sie noch nicht gleich zur Versammlung. Wir haben eine große Aufgabe für Sie! Hier im Ort ist ein Mann am Sterben, der ganz gottlos ist. Er will nichts von Jesus hören und will auch nicht, daß ihn jemand besucht, der gläubig ist. Ach, daß er doch nicht ungerettet sterben müßte! Er geht ja sonst verloren. Nein, er darf nicht sterben, ehe er gerettet ist. Bitte, besuchen Sie ihn und helfen Sie ihm zurecht. Wir wollen inzwischen beten und auf den Knien bleiben, bis Sie zurückkommen und uns sagen, er sei gerettet." — Ich mußte richtig staunen über die Art und Weise, wie die beiden mir den Auftrag unterbreiteten.

Ich begab mich unverzüglich zu dem Kranken und bat um Einlaß. Wie ein Sterbender lag der Mann in seinem Bett. Böse herrschte er mich an, was ich da wolle. Ganz mitfühlend sagte ich, indem ich näher an sein Bett trat: „Ich hörte, daß Sie sehr krank sind, und bin nun gekommen, Sie zu besuchen." — „Ich will und begehre keinen Besuch", sagte er böse. „Hören Sie", erwiderte ich so lieb ich konnte, „ich habe den Auftrag, Sie zu besuchen, durch Kindermund von Gott erhalten." Ich erzählte ihm, daß zwei kleine Mädchen vom Ort mich gebeten hätten, ihn zu besuchen und ihm von

Jesus zu sagen, damit er nicht verlorengehen müsse. Tief gerührt und erstaunt hörte er zu. Es war wunderbar, mit welch innerer Freimütigkeit ich nun diesem armen Menschen von Jesu Liebe sagen durfte. Ich erzählte ihm, daß Jesus am Kreuz auch für seine Sünden bezahlt habe.

Mit Tränen in den Augen fragte er mich, ob für ihn wohl noch Gnade sei, ob Jesus auch ihm vergeben und ihn retten könne. Welche Himmelsmusik war das für meine Ohren. Welche Freude ist es, miterleben zu dürfen, wenn ein Mensch innerlich zusammenbricht und um Gnade, Vergebung und Frieden bittet.

Ich durfte ihm dann anhand von Gottes Wort das Heil in Christo anbieten, und — o Wunder — der Mann konnte es fassen. Er schluchzte, während ich — an seinem Bett niedergekniet — für ihn flehte und dankte.

Er hat Jesus als seinen persönlichen Heiland und Erlöser erfahren und ins Herz aufnehmen dürfen. Hochbeglückt ging ich von dem Hause weg und eilte, den beiden Beterinnen die frohe Kunde zu überbringen.

Als ich eintrat, lagen die beiden noch immer auf den Knien und baten Jesus um Erbarmen für diesen Mann. Da rief ich ihnen freudig zu: „Jesus hat gesiegt, der Mann ist gerettet. Halleluja!" Mit heißer Dankbarkeit erfüllt, lobten und dankten wir und priesen das Lamm Gottes, das erwürgt ist von Anbeginn der Welt.

Weißt du denn noch Seelen in ähnlichem Leid,
geh, um zu erzählen, wer dich hat befreit;
o bete mit ihnen, ruf an Jesu Blut,
bis Hilfe erschienen und alles ist gut.

Das beglückte Babettle und die alte Babette

Von Bad Liebenzell aus hatte ich oft in einen Ort zu gehen, wo lebendige Christen waren. Kurz bevor ich das erstemal dorthin kam, hatte es eine Erweckung gegeben. Die Leute waren sehr aufmerksam und fleißig und folgten ihrem Herrn treu nach. Es war eine wahre Freude, mit diesen Gläubigen Gemeinschaft zu pflegen. Als ich in der Erntezeit samstags hin kam, riefen sich die Leute auf den Feldern zu: „Schwester Elisabeth kommt; wir haben heute abend Gebetsstunde!" — Die Gebetsstunde wurde fleißig besucht. — Dann pflegten die gläubigen Mädchen vom Ort zu sagen: „Schwester Elisabeth, heute nacht gehen wir nicht ins Bett; wir wollen durchbeten bis morgen früh, damit sich Seelen entscheiden für Jesus. Wir müssen Seelen für Jesus werben, solange wir können."

So blieb mir denn meistens auch nichts anderes übrig, als die ganze Nacht aufzubleiben und mitzubeten. Am Sonntagmorgen um 6 Uhr mußten dann die Mädchen wieder an ihre Hausarbeit gehen, um das Frühstück zu bereiten. Vormittags war Versammlung, und da durften wir es erleben, daß die Leute Schlange standen, um ihre Sünden zu bekennen.

An einem dieser Sonntage kam eine noch ganz junge, blonde Frau zur Versammlung. Sie hatte einen gequälten Ausdruck, und als ich beginnen wollte mit der Stunde, rief sie mir zu: „Ach, meine Sünden, meine Sünden, bitte, helfen Sie mir!" — Ich erwiderte ganz mitfühlend: „Setzen Sie sich nur! Der Herr Jesus kann Ihnen während der Versammlung Frieden schenken." — Und so war es auch. Ich durfte die Wandlung mitansehen und habe mich am Wirken des Geistes herzlich gefreut. Nach der Versammlung ging sie sofort nach Hause, kam aber später wieder und bekannte ihre Sünden und brachte alles in Ordnung, wo sie etwas gutzumachen hatte. Sie lebte in einem Hause, wo sie mit der Schwiegermutter zusammen war und hatte öfters über diese geklagt. Aber mit der Entscheidung für Jesus änderte sich auch ihr Verhältnis zur Schwiegermutter, die sie von da an sehr lieb hatte.

Als Babettle — so hieß die junge Frau — an diesem Tag nach Hause kam, sagte die Schwiegermutter ganz überrascht: „Babettle, bist du aber schön! Du strahlst und glänzest ja; was ist mit dir geschehen?"

„O Mutter", rief die junge Frau und fiel ihr um den Hals,

„ich habe Jesus gefunden. Er hat mir seinen köstlichen Frieden geschenkt!" — Dann trat der junge Mann ein und blieb ganz erstaunt stehen und rief aus: „Bist du mal schön! So schön warst du seit der Hochzeit noch nie." — Da erzählte ihm Babettle, wie sie Vergebung ihrer Sünden erlangt und wie Gott ihr Frieden geschenkt habe. — „Da will ich auch hingehen", sagte der Mann. „Ich will auch so schön werden wie du und mich so freuen können."

So hat Jesus durchs Gebet der jungen gläubigen Mädchen noch vielen begegnen dürfen.

Ich habe die Geschichte von dem glücklichen Babettle schon hie und da erzählt und durfte dabei auch allerlei erleben. Einmal diente ich in einer Stadt und habe den Leuten erzählt, wie man Jesus annehmen könne und wie man die Sünden bekennen solle. Da fiel mir eine Frau ins Wort: „Ich werde mich niemals vor der Schwiegertochter beugen und der etwas bekennen. Das kommt gar nicht in Frage", rief sie ganz erregt, „daß ich sowas mache!" — Ich versuchte, sie zu beschwichtigen und erzählte die Geschichte des Babettle. Auf einmal stand die Frau auf und sagte ganz entschieden: „Oh, das ist ja gerade für mich, ich heiße doch Babette!" — Da mußten wir herzlich lachen und freuten uns, daß diese Geschichte so gut zu ihr paßte. — „Wenn ich heimkomme", sagte die Frau nun ganz entschlossen, „ist mein erster Gang zu meiner Schwiegertochter. Ich muß sie um Verzeihung bitten. Ich heiße ja Babette, grad so wie die, der der Heiland helfen konnte, und so will ich's auch erleben."

Später kam ich wieder einmal in diese Stadt und hätte so gerne die Frau besucht, wußte aber nichts von ihr, als daß sie Babette hieß. Da betete ich: „Herr Jesus, ich möchte doch so gerne diese Frau sehen, ich möchte so gerne hören und mich an dem freuen, was du getan hast. Ach Herr, du hast ja so viele Mittel und Wege, um zu helfen. Bitte, zeige mir den Weg zu ihrem Haus." Ich hatte kaum amen gesagt, da rief mich jemand von der anderen Seite der Straße mit meinem Namen. Ganz überrascht wandte ich mich um, und — wer war es? Niemand anders als die Babette! — „Sie habe ich ja gerade gesucht!" rief ich freudig aus. „Ich hätte doch so gerne einmal gesehen, wie es Ihnen geht."

Voller Freude wurde ich nun von der lieben Babette aufgenommen und ließ mir von ihr erzählen, was Jesus an ihr getan hatte. –

„Nach jener Abendstunde bin ich sofort zu meiner Schwiegertochter gegangen", sagte sie, „und habe sie ganz herzlich um Verzeihung gebeten, weil ich so oft böse war zu ihr und sie oft ausgescholten habe. Aber nun ist alles so schön und gut geworden. Gott sei Lob und Dank dafür."

Wie habe ich mich da gefreut! Ja, der Herr hat Großes getan. „Wir preisen und rühmen deinen hochheiligen Namen. Gelobt sei er in Ewigkeit."

Ist Jesus Brennpunkt deiner Liebe?

Eines Tages sandte mich unser Herr Pfarrer mit einem Brief zu Freunden ins Städtchen und bat mich, auf die Antwort zu warten und sie ihm zu bringen. Ich ging schnell, um bald wieder zurück zu sein; denn die Lernzeit, die uns zur Verfügung stand, war kurz, und wir hatten viel zu tun. Ich gab meinen Brief ab und blieb im dunklen Flur sitzen und wartete auf die Antwort. Ich wartete und wartete, und die Antwort wollte und wollte nicht kommen. Anklopfen und fragen durfte ich nicht. Was sollte ich nun tun? Dazu fiel mir ein, wieviel ich mir vorgenommen hatte, in dieser Zeit zu erledigen. Mir fiel es nicht so leicht, in der Schule mitzukommen. Und jetzt saß ich da in einem dunklen Flur und mußte w-a-r-t-e-n! Ich betete, der Herr Jesus möchte doch bitte die Leute bewegen, die Antwort rasch zu schreiben und sie mir zu überreichen. Aber keine Tür öffnete sich. So blieb ich ungefähr eine Stunde sitzen und war ganz betrübt. Immer wieder betete ich zum Herrn: „Ach Herr, hilf doch!" – Da fiel mir plötzlich ein: „Der Herr Jesus weiß es ja; vielleicht hat er mir etwas zu sagen, und ich kann es nicht hören." Sofort beugte ich mich und sagte: „Lieber Heiland, hast du mir etwas zu sagen? Öffne doch bitte meine Ohren, daß ich höre. Öffne meine Augen, daß ich sehe." Da sagte der Herr Jesus zu mir: „Elisabeth, schau auf!" Als ich meine Augen aufhob, sah ich einen schön eingerahmten Spruch auf schwarzem Samt. Da stand mit silbernen Buchstaben geschrieben: *„Ist Jesus Brennpunkt deiner Liebe?"* Das war ein ganz gewaltiges Wort. Jetzt wußte ich genau, warum ich hier zu warten hatte. Wieder und wieder fragte ich mich: „Was ist Brennpunkt meiner Liebe? Jesus oder die Menschen oder mein Beruf? Was macht mir am meisten aus; was bewegt mich am tiefsten?"

Auf diese Weise durfte ich von dem Spruch lernen. Ich hatte ganz vergessen, daß ich dringend heimgehen sollte. Ich wußte nur noch das eine: „Ich muß das lernen, was Gott mir sagen will." Ich habe eine ganz eindrückliche Lektion erhalten. Eine große, tiefe Freude bemächtigte sich meiner. Ich hatte ganz vergessen, daß ich in dem dunklen Flur auf einen Brief wartete. Plötzlich war es mir, als hätte ich's voll erfaßt und sagte: „Ja, Herr Jesus, du bist der Brennpunkt meiner Liebe."

Auf einmal ging die Tür auf, und eine Stimme sagte: „Ach, Sie sitzen noch hier? Wir haben Sie ganz vergessen." — So kann der Herr eben auch machen, daß Menschen einen vergessen, wenn er uns etwas Bestimmtes zu sagen hat.

Schnell kehrte ich mit der Antwort nach Hause zurück und brachte sie Herrn Pfarrer Coerper.

Später zeigte mir Jesus, daß ich Kärtchen verfertigen solle mit diesem Spruch, um sie da und dort, wo er mich darauf aufmerksam machen würde, abzugeben. Ich erklärte mich bereit, das zu tun, und hab's dann auch gemacht.

Eine Schwester, die sehr schön schreiben konnte, hat mir dann, auf meinen Wunsch hin, eine Anzahl solcher Kärtchen verfaßt.

Jesus hat mich nun des öftern unterwegs angewiesen, ein solches Kärtchen abzugeben. Zu meiner großen Verwunderung durfte ich oftmals auch katholischen Priestern eines geben. Jedesmal betete ich ganz innig, daß der Empfänger sich doch ganz direkt von Gott angesprochen wissen möchte und dadurch auch zu einer klaren Entscheidung für Jesus geführt würde.

Als ich später in China war, schrieb mir einer der Empfänger eines solchen Kärtchens und teilte mir mit, was für einen gewaltigen Eindruck diese Frage auf ihn gemacht habe, und bat mich um eine Bibel. O wie habe ich mich darüber gefreut, eine Frucht sehen zu dürfen. Ab und zu läßt uns der Herr auch sehen, daß er unseren Dienst reichlich segnet, damit wir nie denken, unser Auftrag sei nicht von Gott.

Jesus hat damals die Stille und den dunklen Raum gebraucht, um mit mir zu reden, und dort habe ich die Herrlichkeit des Herrn sehen und erfahren dürfen. Sie bedeutet Frieden für die Erde und Freude für die Ewigkeit.

„Lieber Heiland, schenke mir allezeit Gnade, daß ich deine Freude, deine Liebe, ja all das, was du mir bist, weitergeben kann, daß andere Menschen es auch erleben dürfen und auch erfahren können. Gelobt sei dein herrlicher, kostbarer Name in Ewigkeit. Amen."

„Ich will dich unterweisen und dir den Weg zeigen, den du wandeln sollst; ich will dich mit meinen Augen leiten." Ps. 32, 8

Wir hatten, wie schon erwähnt, von Bad Liebenzell aus verschiedene Versammlungsplätze zu bedienen im Schwarzwald. Manchmal galt es eine, manchmal auch zwei Stunden zu Fuß zurückzulegen, bis wir an Ort und Stelle waren. Wieder einmal waren wir unterwegs, um unseren Dienst zu versehen, als der Herr mir plötzlich den Auftrag gab, einen anderen Weg einzuschlagen, der auf einem Umweg auch zum Bestimmungsort führen würde. So verabschiedete ich mich von den Schwestern und sagte: „Ich muß den anderen Weg gehen." Das konnten sie nun gar nicht begreifen, da ich doch den gleichen Weg zu gehen hatte wie sie. So entgegneten sie:

„Was mußt du jetzt davonlaufen? Du kannst doch mit uns gehen." Aber ich sagte: „Der Herr hat mir den Auftrag gegeben, den anderen Weg zu gehen, und ich will ihm gehorchen."

Ich verließ also meine Schwestern und ging den anderen Weg entlang. Ich betete: „Herr, bitte gib mir offene Augen, daß ich sehe, was du willst, und gib mir ein offenes Ohr, daß ich höre, was du von mir willst, daß ich deinen Willen ausführen kann." Ich wußte ja nicht, was mir auf diesem Wege begegnen sollte; jedoch wußte ich aus meiner Bibel gut, daß Jesus den Menschen so gerne unterwegs begegnete.

Plötzlich tauchte vor mir ein Fräulein auf. Sofort sagte der Herr Jesus zu mir: „Elisabeth, rede diesen Menschen an." Ich grüßte sie und redete ein paar freundliche Worte zu ihr, da entgegnete sie weinend: „Warum sprechen Sie mit mir? — Ich bin ganz allein und bin ein verachtetes Menschenkind. Niemand hat mich lieb. Niemand will etwas wissen von mir, weil ich die allerschlechteste Person vom ganzen Ort bin." — „Oh", antwortete ich ganz mitleidsvoll, „ich habe Sie lieb und ich kenne einen, der sie noch inniger liebt als ich. Und gerade *dieser* hat mich hierher gesandt, Ihnen zu begegnen und mit Ihnen zu reden." —

Sie ließ ganz traurig den Kopf hängen und sagte: „Nein, mich hat niemand lieb. Ich bin viel zu schlecht, oder glauben Sie, daß mich jemand lieb haben könnte?" — „Doch", erwiderte ich, „ich habe Sie sehr lieb und möchte Ihnen nun von *dem* erzählen, der Sie innig liebt."

Mit innerem Gebet und Flehen erzählte ich ihr aus meiner Vergangenheit, wie böse ich gewesen war und wie da plötzlich einer in mein Leben getreten ist, der sein Leben für mich gegeben und sein Blut für mich vergossen und mir alle meine Sünden vergeben und alle meine so schweren Lasten abgenommen hat. „Und dieser große Helfer ist es, der mich zu Ihnen gesandt hat." — „Wie heißt denn dieser und wer ist er?" fragte das Fräulein ganz erwartungsvoll.

„Es ist der Herr Jesus", gab ich zur Antwort und erzählte

ihr alles von ihm, was mir der Heilige Geist gerade einfallen ließ. Es war etwas wie ein Hoffnungsschimmer in ihren vorher so leeren Augen zu lesen, als sie so dastand und lauschte. „Glauben Sie wirklich", unterbrach sie mich, „daß dieser Jesus mich noch liebhaben kann? So eine, wie ich bin?" — „Ganz bestimmt", versicherte ich, „er ist auch für Sie gestorben. Er, der mich frei und glücklich gemacht hat, will auch Sie das gleiche erleben lassen!"

Ach, wie freute ich mich, daß ich auf der Straße eine Heimatlose finden durfte, der ich von Jesu Retterliebe erzählen konnte. Da war jemand, der nicht mehr wußte, wie das Leben weitergehen sollte, jemand, der, enttäuscht und verachtet von Menschen, nach Liebe hungerte. Mich überkam eine solche Liebe zu dieser Person, daß ich nicht anders konnte, als sie zu umarmen und zu küssen. — Sie faßte neue Hoffnung für ihr Leben.

Ich mußte dann weitergehen, drückte aber noch mein großes Sehnen aus, sie doch im Himmel wiedersehen zu dürfen. Sie bestätigte mir diesen Wunsch und sagte, sie hoffe auch, mich dort wiederzusehen. Ich wußte, daß Jesus sie nun weiterführen würde. Sie sah ganz verwandelt aus, als wir voneinander schieden.

Ich war innerlich tief befriedigt, als ich weiterzog. Ich hatte unterwegs eine Seele bekommen für Jesus; ach, da war es doch auch ganz einerlei, was man über mich dachte.

Wie flehte ich nun zum Herrn: „Ach, bitte Herr, gib mir ein gesalbtes Ohr, daß ich allezeit hören kann, was dein heiliger Wille ist, und gib bitte, daß ich es auch allezeit gerne tue. Gib mir ein gehorsames Herz, das bereit ist, zu deinen Wegen ja zu sagen, ganz gleich, wohin sie führen mögen. Gib mir eine gelehrte Zunge, damit ich von deiner Erlösung erzählen darf, damit ich bezeugen kann, was du an mir getan hast." — Er ist ja gekommen, um das Verlorene zu suchen, das Verirrte wiederzubringen, das Verwundete zu verbinden und des Schwachen zu warten (Hes. 34, 16).

Wenn wir es doch nur alle besser verstehen lernen würden,

allezeit *den* Weg zu gehen, den der Herr uns weist, ohne rechts und links zu fragen, auch wenn es uns als eigener Weg ausgelegt wird. Es gibt tatsächlich keinen köstlicheren Weg, als der Weg dem Lamme nach.

Meine Freude bis zum Sterben
sei, Seelen für das Lamm zu werben.

Ohne Buße keine Erweckung

Es war in einem Dorf, wo ich einige Tage im Versammlungshaus wohnte, um das Evangelium zu verkündigen. Ich war richtig bewegt zu hören, mit welcher Hingabe und welchem Ernst die Gläubigen dort für eine Erweckung beteten.

Da zeigte mir der Herr eines Tages, daß er keine Erweckung schenken könne, solange eine gewisse Sache nicht geordnet sei. Der Herr zeigte mir auch klar, *wo* etwas zu ordnen war, aber ich wußte nicht, um *was* es sich handelte. Ich brauchte es auch gar nicht zu wissen. So sagte ich also zu dem Bruder des Hauses: „Der Herr hat mir gezeigt, daß er eure Gebete um eine Erweckung gerne erhören möchte; aber er kann es erst tun, wenn eine gewisse Sache geordnet ist. Bitte, geht da und da hin; es ist etwas in Ordnung zu bringen." Der Bruder wußte ohne weitere Erklärungen genau, um was es sich handelte. Er antwortete: „Es ist unmöglich, daß ich dorthin gehen kann."

Da ich ja nicht wußte, um was es ging, und es auch nicht zu wissen begehrte, sagte ich eben nur, was Gott mir eingegeben hatte; so erwiderte ich: „Ich habe den Auftrag vom Herrn, Ihnen das mitzuteilen. Wenn Sie das nicht in Ordnung bringen können, dann brauchen Sie auch nicht mehr auf eine Erweckung zu warten."

Der Bruder hatte einen schweren inneren Kampf, aber da ihm sehr daran gelegen war, Seelen gerettet zu wissen, entschloß er sich, dorthin zu gehen.

Es war an einem Samstag, und ich war gerade damit beschäftigt, mein Zimmer zu reinigen, als der Mann mir zum Fenster hereinrief: „Schwester Elisabeth, ich gehe jetzt. Bitte beten Sie für mich." Ich wollte nur noch den Putzlappen aus dem Wasser nehmen und dann auf meine Knie gehen. Da spürte ich plötzlich, wie eine Hand meinen Kopf mit eiserner Gewalt bis an den Wassereimer hinunterdrückte. Ich berührte schon das Wasser, und doch ließ der Druck nicht nach. Diese Hand hat meinen Kopf vollends ins Wasser hineindrücken wollen, um mich da elendiglich ertrinken zu lassen. Das ging alles unglaublich schnell. Ich merkte, daß es nur der Feind sein konnte, der seine große Wut an mir auslassen wollte; denn er wußte genau, daß es jetzt eine Erweckung geben würde an diesem Ort.

So laut ich konnte, rief ich das Blut Jesu an; dann hat die Hand mich losgelassen.

Sofort begab ich mich auf meine Knie, um für den Bruder zu beten. Als dieser heimkehrte, sagte er: „Oh, es ist alles viel besser gegangen, als ich gedacht habe. Es ist, Gott sei Dank, alles in Ordnung." Das hat mich ganz fest gefreut.

Nun durften wir auf eine Erweckung warten, die dann später auch wirklich kam. Ganz kurz darauf wurde die liebe Hausmutter sterbenskrank. Wie schmerzlich es auch war, so mußte man doch mit ihrem Heimgang rechnen. Sie war ein liebes Gotteskind, aber hatte großen Kummer um ihren unbekehrten Sohn. Sie weinte und war sehr traurig. Ich bat den Sohn, er möge doch zum Herrn Jesus kommen, solange die Mutter noch lebe, nicht daß sie diesen großen Schmerz mit ins Grab nehmen müsse. Und der Herr Jesus könne ja Gebete um Mutters Genesung erhören, auch wenn sie noch so krank sei. — Er weinte bitterlich beim Gedanken an Mutters Abscheiden.

Die Mutter bat mit schwacher Stimme ihren Sohn auch noch, doch zum Heiland zu kommen. Sie habe immer gehofft, sie dürfe es noch erleben vor ihrem Heimgang in den Himmel. — Da kniete der Sohn an ihrem Bett nieder, weinte zum Herzzerbrechen und übergab sich ganz dem Herrn Jesus.

Der Herr Jesus offenbarte mir, daß die Mutter nicht zu sterben brauche, und wirklich, welch ein Wunder! Nachdem der Sohn seine Sünden bekannt und sein Leben geordnet und damit seine Mutter sehr glücklich gemacht hatte und auch viele Gläubige ganz ernsthaft für die liebe Schwester beteten, rührte Jesus die Kranke an, machte sie gesund und richtete sie wieder auf.

„Ach Herr, wie bist du groß in deiner Allmacht und in deiner Güte. Wir preisen dich und lobsingen dir und jubeln dir zu." Amen.

III. Probedienst in Heidelberg

In Heidelberg

Nach Abschluß der Bibelschule in Bad Liebenzell kam ich nach Heidelberg in den Probedienst. Sofort erbat ich mir als Frucht gleich zehn Geschwister für den Dienst des Herrn, die ich auch bekam. Ich durfte mit Schwester Barbara zusammenarbeiten. Wir erlebten zusammen eine schöne und segensreiche Zeit.

Als ich einen Kinderbund anfangen wollte, als Nachwuchs für unsere Jugend, riet man mir davon ab, da doch keine Kinder kommen würden. Da aber ein Kinderbund zu meinem Dienst gehörte, gab es kein Zurückhalten. Ich betete um Mädchen. Zu meiner großen Freude kamen 66 Kinder zum Kinderbund. Bald stieg die Zahl auf 80. Wie schön war es, diesen Kindern von Jesus erzählen zu dürfen. Manche von ihnen kamen zum Heiland. Wenn ich nun Außendienst zu versehen hatte, beteten meine Kinder für mich. Gibt es einen schöneren Rückhalt als Kindergebete? Wenn Kinder beten, erhört der Herr. Einmal kam ein Pfarrer zu meinem Vorgesetzten und bat diesen, ihm doch zu helfen; er sei in großer Not über die Zustände der Jugend. Ich wurde dorthin gesandt und nahm zwei Jugendbündlerinnen mit mir zum Durchbeten. Die beiden beteten ernstlich, währenddem ich sprach. Als die Jugendstunde vorüber war, wollte keines der Mädchen heimgehen. Plötzlich fingen sie an zu weinen, und ich hielt eine Nachversammlung. Wir gingen auf die Knie. Etliche der Mädchen bekannten ihre Sünden und übergaben sich dem Herrn Jesus und dankten ihm für die Erlösung. Es war herrlich; aber leider war eine Schwester dabei, die mich beim Pfarrer verklagte. Sie sagte ihm, das führe zu weit. Die Mädchen seien auf den Knien gewesen, hätten geweint und Sünden bekannt, das dürfe nicht mehr vorkommen. Daraufhin kam der Pfarrer zu meinem Vorgesetzten und bat ihn, mich nicht mehr zu senden. Doch die Mädchen, die den Anfang gemacht hatten, gaben sich mit ihres Pfarrers Verfügung nicht zufrieden und wollten mich besuchen. Das wurde ihnen aber verboten. Ich betete zum Herrn um Hilfe. Nun wurde ich krank. Das hörten die Mädchen und beschlossen, mich zu besuchen. Da konnte niemand etwas dagegen sagen. Der Grund des Besuches aber war, mehr von Jesus zu hören. So hatte ich die Lieben in meinem Zimmer am Krankenlager und freute mich, ihnen weiter vom Herrn Jesus sagen zu dürfen und sie zu unterrichten. Ja, Jesus macht keine Fehler.

Ganz herzlich dankte ich ihm für seine Hilfe.

„Herr, du bist sehr herrlich in all deinem Tun. Preis und Ruhm sei dir!"

Der Feind will verhindern, daß Seelen gerettet werden, aber Jesus ist Sieger!

In einem Nachbarort von Heidelberg hatte ich öfters Versammlung zu halten. Das Wirken des Geistes war in jener Gemeinde besonders mächtig. Es geschah meistens etwas Besonderes dort.

Einmal, als wir uns zum Gebet vereinigten — es waren etwa drei oder vier Geschwister —, hatte der Teufel einen großen Zorn auf uns, weil wir schon zum voraus so fest für den Sieg dankten. — Er schlug in einem fort den Fensterladen auf und zu. Wir befestigten diesen wieder, war es ja doch windstill draußen, und beteten weiter. Kaum daß wir wieder beteten, fuhr der Laden mit großem Gekrach wieder zu. In einem anderen Zimmer, wohin wir wechselten, ging's ebenso, damit wir ja nicht beten sollten und könnten; aber trotzdem hat uns Jesus erhört und uns an diesem Abend Seelen geschenkt.

Das sterbende Kind und Gottes Hilfe

Wieder einmal kam ich zu meinen lieben Freunden, um Versammlung zu halten. Das kleine Kind, der Sonnenschein des Hauses, lag im Sterben. Die Mutter war ganz erschüttert und fragte mich: „Was soll ich tun? Ich möchte doch die Versammlung nicht versäumen; ich weiß nichts anderes, als mein Kind dem Herrn zu befehlen. Er allein kann es bewahren und wieder gesund machen."

Das Kind war in den letzten Tagen ein wenig krank gewesen, aber nun war es am Sterben, weil Versammlung war und wir Entscheidungen für Jesus erwarteten.

Ich ging zur Küche, wo das Kindlein lag, und betete über ihm und erhielt die innere Gewißheit, daß der Herr mein Gebet erhört hatte. Zur Mutter gewandt, sagte ich: „Wenn ich Ihnen einen Wink gebe, dann sehen Sie bitte nach Ihrem Kinde. Es stirbt nicht, seien Sie nur getrost." — Die Leute, die zur Versammlung kamen, sahen auch, wie schlecht das Kindlein dran war. Nach einiger Zeit, als der Herr Jesus mich darauf aufmerksam machte, gab ich der Mutter einen Wink, nach dem Kinde zu schauen. Ganz glücklich und froh kam sie wieder zurück und sagte: „Das Kleine sitzt im Wägelchen und lacht."

„O du bist der große Gott, der Wunder tut und heilen kann."

Erweckung unter der Jugend in Heidelberg —
„Und red ihm nicht darein!"

Wir beteten lange um eine Erweckung bei der Jugend. Wir selber — die Leiterin und ich — forschten, ob wir selbst ein Hindernis seien, daß der Herr nicht erhören könne. Wir beugten uns und bereinigten alles, was er uns zeigte. Nun warteten wir darauf, daß Gott eingreifen würde. In der nächsten Jugendstunde merkten wir ganz deutlich, daß es durchzubrechen begann. Wir waren voller Freude, zu sehen wie es ist, wenn der Heilige Geist junge Menschen innerlich zerbricht. — Da geschah etwas ganz Unerwartetes, etwas noch nie Dagewesenes! Der Hausmeister kam und teilte uns mit, wir müßten das Haus sofort verlassen, er müsse fort und das Haus zuvor schließen. Gerade jetzt, wo die Mädchen am Zusammenbrechen waren, sollten wir das Haus verlassen? — Ich schrie in meiner Not zum Herrn, und er beruhigte mich und sprach mir Trost zu. So verließen wir schweren Herzens das Haus. Als alle fort waren, wandte ich mich auch vom Hause weg. Ich war noch gar nicht weit, als ich einem der Mädchen begegnete. Es stand an einer Hausecke und weinte bitterlich. Ihre Sünden waren ihr zu schwer geworden. Ich half ihr zurecht, und sie durfte Jesus finden. Kaum hatte ich das glückliche und erleichterte Mädchen verlassen, als ich schon wieder vor einer Weinenden stand. „Ich kann nicht heim", jammerte sie; „meine Sünden!" Auch sie durfte zu Jesus kommen und fand Vergebung. Je weiter ich die Straße hinabging, desto mehr weinende Mädchen traf ich an. Etliche saßen weinend auf den Bänken einer kleinen Anlage. Keine wollte heimgehen. Jede weinte über ihre Sünden. So ging ich von einer zur andern, tröstete jede, führte sie zum Heiland und betete mit ihnen. Sie wurden glücklich und froh. Bis morgens um 2 Uhr war ich auf der Straße beschäftigt. — Gott hat die Gebete um Erweckung erhört!

Das war eine unvergeßliche Nacht mit Tränen der Buße und des Dankes für die Erlösung. So hatte ich es mir nicht vorgestellt. — Wer weiß, ob ich im Hause Gelegenheit gehabt hätte, auf diese Weise mit jedem einzelnen zusammenzukommen und so hätte Einzelseelsorge tun können. Wieder kam mir das Wort in den Sinn, das mir Jesus einmal sehr ernst gesagt hatte: „Und red ihm nicht darein!"

War es nicht wunderbare Gebetserhörung, wie er es gemacht hatte? Wann endlich begreifen wir seine Wunderwege?

„Du Siegesheld von Golgatha, wie wunderbar sind deine Wege. Lob, Preis und Dank sei dir!"

„Es quillt für mich dies teure Blut"

In Heidelberg wurde ich eines Tages zu einer lungenkranken, sterbenden Frau gerufen. — Sie sei Katholikin und könne nicht sterben, sagte man mir. Ich möchte doch bitte kommen und ihr helfen. — Ich kannte die Frau nicht und fragte, ob es kein Mißverständnis sei, ich sei eine evangelische Schwester. — Sie habe inständig gebeten, mich doch ja zu ihr zu bringen. — Gut, so gehorchte ich dem Ruf, ging und fand eine schwerkranke Frau vor, die tief betrübt war. Der Grund ihrer großen Traurigkeit war nicht die schwere Krankheit, sondern die schwere Last, die ihr Gemüt fast erdrücken wollte. „Der Pater", so erzählte sie mir, „hat mir gesagt, für wen und was alles ich büßen müsse: Für mich selber, für meine Familie, für die Eltern und Großeltern und sonst noch vieles; aber diese Last ist mir unerträglich! Ich habe alle meine Sünden bekannt, aber ich weiß mir nicht mehr zu helfen. So kann ich doch niemals in den Himmel kommen, wenn ich nicht aus dem Büßen herauskomme."

Ich versuchte, sie auf Jesu Opfertod hinzuweisen und sie zu trösten und sagte ihr das schöne Lied:

Es ist ein Born, draus heilges Blut
für arme Sünder quillt;
ein Born, der lauter Wunder tut
und jeden Kummer stillt.
Es quillt für mich dies teure Blut,
das glaub' und fasse ich;
es macht auch meinen Schaden gut,
denn Christus starb für mich.

Ich sagte ihr das ganze Lied vor, und nach jedem Vers setzte ich mit dem Chorus ein: „Es quillt für mich dies teure Blut ..." Als das Lied zu Ende war, sagte die Frau ganz beglückt: „Oh, ich kann es fassen: ‚Es quillt *für mich* dies teure Blut, das glaub' und fasse ich!' Nun muß ich nicht mehr büßen. Jetzt weiß ich, *daß Jesus für mich gebüßt hat* und ich nicht mehr selbst büßen muß, sondern nur noch danken kann. Er hat mir alle meine Schuld vergeben. Ich will danken, loben und preisen."

Es war wunderbar, wie der Herr dieser Frau das Herz öffnen konnte für das, was er am Kreuz auf Golgatha vollbracht hatte. Ich gab ihr noch eine schöne Spruchkarte mit dem Wort aus 1. Johannes 1, 7: „Das Blut Jesu Christi, seines Sohnes (des Sohnes Gottes), macht uns rein von aller Sünde."

Ich erklärte ihr die Bedeutung des Wortes. Zum Schluß bat die Frau: „Bitte, stecken Sie die Karte doch an mein Bett, daß der Herr Pater, wenn er kommt, sie sofort sieht."

Etwas später besuchte ich die liebe Schwester wieder und erkundigte mich nach ihrem Ergehen. „Als der Pater kam", so erzählte sie, „redete er gleich wieder vom Büßen. Da habe ich auf die Karte hingedeutet und gesagt: ‚Ich brauche nicht mehr zu büßen, *der Herr Jesus hat für mich gebüßt,* da steht's geschrieben.' Als er die Karte gelesen hatte, sagte er nichts mehr. Ach Schwester, ich bin ja so froh und dankbar, daß ich jetzt als eine Erlöste heimgehen darf zum Herrn Jesus; aber ich habe noch ein großes Anliegen! Bitte, versprechen Sie mir, daß Sie noch zu mir kommen und bei mir sind, wenn ich Sie rufen lasse, wenn ich spüre, daß es zum Sterben geht. Ich wäre Ihnen so dankbar für Ihre liebe Gegenwart, damit mir niemand mehr diesen Frieden rauben darf." Das habe ich ihr gerne versprochen.

Nun bekam ich Grippe, hatte hohes Fieber und lag im Bett. Da klopfte es plötzlich, und der Sohn jener lieben Katholikin war da und bat mich, doch ja mitzukommen: „Meine Mutter ist am Sterben und läßt Sie bitten, zu ihr zu kommen." Mir war ganz schwindlig und furchtbar elend zumute. Ich sagte aber zu dem Jungen: „Wenn du mich führst, kann ich aufstehen und mitgehen." — Mit großer Mühe bin ich aufgestanden und ging zu der sterbenden Schwester. Ein Leuchten ging über ihr Gesicht, als sie mich eintreten sah. Sie hatte auf mich gewartet. „Bitte", sagte sie ganz leise, „Schwester, beten Sie nochmals mit mir." Sie legte ihre Hände in meine.

„Und, Schwester", sagte sie mit großer Mühe, „erlauben Sie nicht, daß noch etwas anderes geredet wird!"

„Es ist gut", sagte ich, „wir wollen alles dem lieben Heiland sagen" — und habe die Scheidende *dem* anbefohlen, der für sie am Kreuz gestorben ist.

Ich merkte, wie mein Fieber stieg. Mir wurde immer schwindliger und übler. Inbrünstig flehte ich zum Herrn: „Bitte, Herr, erbarme dich meiner, gib mir Kraft zum Durchhalten. Du kannst ja machen, daß ich jetzt gehen darf, damit ich nicht hier noch zusammenbreche." — Der Herr hat mein Gebet erhört. Die Frau war tief beglückt, daß sie nun bald heimgehen durfte, und dankte mir mit ihren Augen für meine Gegenwart und mein Gebet. Ein paar Augenblicke später fiel sie in eine Bewußtlosigkeit, aus der sie nicht mehr erwachte auf dieser Erde.

Ich löste meine Hand sachte aus der ihren, verabschiedete mich und ging nach Hause.

Kurz darauf ist die liebe Schwester entschlafen. Ach, wie habe ich mich gefreut, daß ich einer Katholikin den Weg zum Herrn Jesus zeigen durfte. Er hat sie erlöst, hat ihr ihre Sünden vergeben und sie frei und glücklich gemacht. Ja, auch sie war eine Bluterkaufte! Ich freue mich auf das Wiedersehn mit ihr in der Herrlichkeit.

„Herr, wie bist du herrlich in all deinem Tun. Ich preise deine Liebe und Güte. Du bist voll Barmherzigkeit zu deinen Menschenkindern. Lob und Dank sei dir in alle Ewigkeit." Amen.

Zu alt, um auszureisen

Ich war 32 Jahre alt, als mich eine Nachricht aus Liebenzell erreichte: „Sie werden am 11. September abgeordnet nach China. Fragen Sie den Herrn, ob das Ihr Weg ist." — Die Liebenzeller Mission hat nämlich auch noch auf der Südsee ein großes Missionsfeld. —

So verbrachte ich denn die kommende Nacht vor dem Herrn und erhielt die Antwort und Gewißheit, daß ich nach China komme, aber noch etwas warten müsse.

Sofort reiste ich nach Liebenzell, um das Resultat meines Gebetes selbst sagen zu können. Beim Eintritt ins Zimmer sagte Herr Pfarrer, er möchte mir gleich mitteilen, daß man mich leider nicht mehr senden könne, da ich zu alt sei. Das Komitee habe beschlossen, niemanden mehr zu senden, der über 30 Jahre alt sei. Ich war zuerst ganz sprachlos, dann wies ich auf den Brief hin, den ich erst vor einigen Tagen erhalten hatte, in dem es hieß, daß ich den Herrn fragen solle, ob es mein Weg sei, nach China zu gehen. Ich erzählte Herrn Pfarrer, daß ich in der darauffolgenden Nacht Antwort erhalten hätte, daß ich nach China komme. Sonst wußte ich nichts mehr zu sagen, bat aber den Herrn, es mir einfallen zu lassen, wenn ich noch etwas sagen sollte. Plötzlich fiel mir tatsächlich etwas ein, was mir nicht gerade klug schien, aber ich wurde innerlich gedrängt, es zu sagen: „Herr Pfarrer, nun bleibt mir nichts anderes mehr übrig, als von heute an zurückzurechnen, dann bin ich nach zwei Jahren 30 Jahre alt.“ Darauf erhielt ich keine Rückantwort.

Ich bat den Herrn Jesus: „Bitte, sende mir die Heiden von draußen nach Deutschland, bis ich selber gehen kann.“ –

Am nächsten Sonntag besuchte ich in unserer Kapellen-Gemeinde den Gottesdienst. Da betrat ein Japaner die Kirche und setzte sich neben mich hin. Ich hörte, daß meine Jugendbündlerinnen flüsterten: „Ausgerechnet zur Missionarin!“ Ich ließ den fremden Gast in mein Gesangbuch hineinschauen und dann auch in meine Bibel, die wir beide mit einer Hand hielten. Dann verneigte er sich. Nach dem Gottesdienst kam eine Dame zu mir und sagte: „Schwester, Herr Professor Ohassama wünscht Sie zu sprechen.“

Daraufhin lud er mich ein, am andern Tag zum zweiten Frühstück zu kommen. – Gut, ich ging hin. Bei Tisch redete der Japaner mich an und fragte: „Wie konnten Sie geben heilige Buch in meine unheilige Hände? – Ich Heide bin.“ – Diese

Frage bewegte mich tief. Ich dachte: „Ist das wohl der erbetene Heide von draußen?" — Er fuhr fort: „Ich muß haben eine Gesangbuch und eine Bibel. Bitte kommen Sie zweimal in der Woche, mit mir in der Bibel zu lesen."

Nach dem Frühstück kehrte ich zurück und fragte die ältere Missionsschwester, was ich tun solle. — „Natürlich mußt du gehen", sagte sie. Mit Freuden machte ich mich an meine neue Aufgabe und las also zweimal in der Woche mit dem Japaner die Bibel. Er wollte mir jedesmal soviel geben, wie ein Lehrer an der Universität für eine Vorlesung erhielt. Ich wehrte ganz entschieden ab. Gottes Wort sei frei, und ich wolle gar nichts für diese Stunden. Ganz erregt sagte er: „Aber eine Geschenke, eine Geschenke darf ich doch machen!" Dagegen konnte ich mich nicht wehren, vielleicht wollte er mir ja ein Buch geben.

Am 11. September wurde ich eingesegnet. Bei jeder Schwester sagte Herr Pfarrer, ob sie in der Heimat bleibe oder aufs Missionsfeld hinauskomme. Ich betete inbrünstig, daß Herr Pfarrer nicht sagen dürfe, ich bleibe in der Heimat. So hieß es nur: „Schwester Elisabeth wird auch eingesegnet." Ein Jahr später erhielt ich die Schwesterntracht. Das war mit einer Feier in Liebenzell verbunden. Ich lud den Japaner zu diesem Festtag ein, und er versprach mir, am Sonntag zu kommen. Als ich samstags zur Bahn ging, wollte er mich noch unterwegs sprechen. Zum Abschied gab er mir ein Päckchen und sagte: „Meine Geschenke, meine Geschenke." — Ich hatte keine Zeit mehr, es gleich zu öffnen; aber in der Eisenbahn sah ich mein Geschenk an. Es war eine ganz teure englische Bibel in Ledereinband mit einer Widmung versehen, und in der Bibel lag eine Million Mark. — Es war ja Inflationszeit! — So war ich also zum erstenmal in meinem Leben Millionärin!

Nicht lange danach gab es ein großes Fest in Heidelberg. Der Neffe des Kaisers von Japan kam zu Besuch. Alle japanischen Professoren, ein Pfarrer von der Mission und auch die Schwester Elisabeth waren zu einem Festessen eingeladen. — Man sollte mit Stäbchen Reis und Aal essen, der einem ohnedies davongleitet. Ich erbat mir, mit Besteck essen zu dürfen, sonst könne ich nicht kommen. Ich durfte aber die Einladung nicht abschlagen, da ich sonst sehr gegen die japanische Sitte verstoßen hätte. Jetzt kam noch der Gipfel des Peinlichen: Ich wurde zwischen den Neffen des Kaisers und dessen Gattin gesetzt. Er sprach englisch mit mir und übersetzte es seiner Frau.

Später traf ich das Ehepaar in Heidelberg auf der Straße und mußte sie japanisch begrüßen. Das war etwas so Seltsames, daß es einen ganzen Auflauf gab.

Nun kam aber noch das Schwerste: Eines Tages kam ein Buch als Andenken und Anerkennung von Professor Ohassama, der vor seiner Rückreise nach Japan stand. Erst kurz zuvor hatte ich vernommen, daß Professor Ohassama eine führende Persönlichkeit sei in der Ausbildung der Buddhisten. Als ich nun sein Buch las, wurde ich sehr betrübt zu sehen, daß er das Christentum mit der buddhistischen Lehre verquickt hatte.

Ich fiel auf mein Angesicht und weinte zum Herzzerbrechen. Alles, alles klagte ich dem Heiland. Er hatte mir doch diesen Heiden über den Weg geschickt, damit ich diesem anhand der Bibel den Weg zu ihm zeigen dürfe. Sollte das nun das Resultat sein? Ich war ganz untröstlich und wartete auf eine Antwort von Jesus. Er, der Große und Liebende, sah und kannte mein Herzelied. — Plötzlich erscholl es wie mit Donnerstimme von oben herab: *„Weine nicht! Siehe, es hat überwunden der Löwe, der da ist vom Geschlecht Juda"* (Offb. 5, 5).

Mit diesem Ruf hat Gott meine Tränen getrocknet. Ich werde den Japaner im Himmel wiedersehen als ein durchs Blut Jesu Christi errettetes Gotteskind. Jetzt verstand ich auch das Wort in der Heiligen Schrift: „Gott wird abwischen alle Tränen von ihren Augen" (Offb. 7, 17 b). Ja gewiß, er tut's durch sein teures, kostbares und herrliches Wort. Halleluja — Amen!

Später schrieb ich dem Professor. Er antwortete mir ganz

froh zurück, seine Frau sei ihm treu geblieben, trotz seines langen Aufenthaltes in Heidelberg; das sei, weil ich gebetet hätte. Unter anderem hieß es auch: „... Meine Kinder dürfen die christliche Sonntagsschule besuchen und dürfen sich frei entscheiden in ihrem Glauben ..." Oh, welche Gnade!

„Der Herr wird's versehen, ich vertraue ihm. Er heißt Wunderbar und ist wunderbar!"

„Zwei Jahre jünger! Man sieht ihr's an!"

Eines Tages sagten meine Schwestern im Missionshaus zu mir: „Elisabeth, was ist denn los mit dir? Du wirst ja immer jünger. Nimmst du Medizin, oder was tust du?"

Ich erwiderte: „Sieht man es wirklich, daß ich jünger werde?" — „Jawohl! Sag uns bitte auch, was du machst." — Nun, ich war ganz freudig erregt und ging weg und betete und sagte zum Herrn Jesus: „Das genügt mir nicht, daß die Schwestern sehen, daß ich jünger werde. Ich möchte gern, daß es Herr Pfarrer Coerper sieht; denn ich bin ja nun bald dreißig Jahre alt!"

Einige Tage darauf sagte Herr Pfarrer bei Tisch zu mir: „Schwester Elisabeth, was ist denn mit Ihnen los?" — Ich fragte — innerlich lachend —: „Warum, Herr Pfarrer?" — „Sie werden ja alle Tage jünger!" — Da rief ich voller Freude ganz laut: „Ja, Herr Pfarrer, ich werde ja bald 30 Jahre alt!"

Nun haben alle Schwestern erfahren, was sie vorher nicht gewußt hatten. Ich rechnete fest damit, daß ich nun bald ausgesandt würde.

Eines Tages kam Herr Pfarrer Coerper nach Heidelberg und sagte zu mir: „Schwester Elisabeth, wir haben eine Gabe erhalten, und die ist nun für Ihre Ausreise bestimmt!" Halleluja! Welche Freude!

Am 31. Dezember sollte ich (zum zweitenmal) 30 Jahre alt werden. Und schon am 1. Dezember konnte ich nach China ausreisen.

Die große Liste für die Ausstattung

Ich erhielt eine große Liste, auf welcher alles stand, was wir nach China mitnehmen mußten. Es war aber immer noch Inflationszeit, und alles kostete Tausende. Ich hatte kein Geld; aber als mir zugesagt wurde, daß ich doch reisen dürfe, fand ich auf meinem Tisch ein kleines Schächtelchen. Was mochte wohl darin sein? So etwas hatte ich noch nie in meinem Leben bekommen. Zwei goldene Eheringe mit der Bemerkung: „Für Schwester Elisabeths Ausreise."

Es hatte doch noch gar niemand gewußt, daß Herr Pfarrer mir mitteilte, ich werde ausgesandt. Oh, wie habe ich mich gefreut über dieses Geschenk!

Herr Pfarrer Coerper pflegte zu sagen: „Wer berufen ist, der wird auch von Gott versorgt. Wir sehen daran, wen Gott senden will."

Ich begann für alles, was auf der Liste stand, zu beten. Auch bat ich den Herrn, mir noch mehr zu geben für den Fall, daß eine andere Schwester es benötigte.

Einkauf mit dem Herrn Jesus

Reisekoffer

Nun ging ich in Heidelberg durch die Straßen und sagte bei jedem Laden zum Herrn Jesus: „Sag mir bitte, wo ich etwas kaufen soll!"

Zuerst kam ich an ein Geschäft, wo man Kabinenkoffer kaufen konnte. Dort blieb ich stehen und beschaute sie mir. Ich besaß ein wenig Geld, aber nicht viel. Der Herr Jesus sandte mich in den Laden, nachdem er mich außen auf einen Kabinenkoffer aufmerksam gemacht hatte, und sagte: „Kaufe diesen." Nebenan stand ein sehr leichter Fiberkoffer ausgestellt. Da sagte der Herr weiter: „Und diesen Koffer dazu!" Die Preise waren viel zu hoch, als daß ich die Koffer hätte bezahlen können. Ich betrat den Laden und sagte, ich möchte gerne diese beiden Koffer kaufen. Ich freute mich sehr, daß ich sie bekam, und sagte: „Ich möchte sie gleich bezahlen. Bitte schreiben Sie mir die Rechnung." Dabei dachte ich: „Ich werde aus meinem Geldbeutel so lange Scheine herausziehen, bis so viel Geld auf dem Tisch liegt, wie sie kosten"; aber ich wußte ja, daß nicht so viel darin war. Jedoch habe ich es Jesus ohne weiteres zugetraut, daß er die Banknoten vermehren könnte.

Die Frau, die mich bediente, ging ins Büro und kam nach einer Weile wieder und sagte: „Ach Schwester, Sie können die Koffer später bezahlen!" — „Nein", gab ich höflich, aber bestimmt zur Antwort, „ich möchte sie gerne gleich bezahlen, da ich keine Schulden machen will." — Wieder verschwand sie im Büro und kam zum zweitenmal ohne die gewünschte Rechnung. „Ach Schwester", begann sie wieder, „es eilt ja wirklich nicht; Sie können es später bezahlen." — „Nein", erwiderte ich, „ich brauche die Koffer und möchte sie mitnehmen, aber nicht ohne sie bezahlt zu haben." Aufs neue verschwand sie, und ich flehte inzwischen zum Herrn und bat ihn um Hilfe.

Als die Frau herauskam, sagte sie: „Schwester, ich habe schon so lange nichts mehr für die Mission gegeben. Sie sind ja bei der Mission und reisen nach China. Nun möchte ich gerne, was ich geben wollte, am Preis Ihrer Koffer abziehen." — Ich freute mich riesig.

Sie zog den Betrag von den Kosten ab und gab mir die Rechnung. Als all mein Geld, das ich besaß, auf dem Tisch lag, war es genau so viel, wie ich noch schuldig war. Wie habe ich mich gefreut! Draußen mußte ich jubeln und jauchzen und sagte zum Heiland: „Herr Jesus, jetzt habe ich gelernt, wie man mit dir einkauft. Nun werde ich dich immer mitnehmen. Du sagst mir, in welchem Laden ich etwas einkaufen soll und was. Im Glauben an deine Hilfe will ich es kaufen, ob ich Geld habe oder keines." Ich hatte mir ja auch ganz fest vorgenommen, keinem Menschen ein Wort zu sagen, wenn ich etwas brauchte, sondern alles „über oben" gehen zu lassen. Es ist auch mein Herzenswunsch, daß doch durchs Lesen dieser Erzählungen noch viele lernen möchten, alles in ihrem Leben „über oben“ gehen zu lassen.

So ging ich in diesen Tagen noch in manchen Laden, und wenn der Herr mich auf etwas aufmerksam machte, kaufte ich ein und hatte immer gerade genug Geld, um die Beträge zu begleichen.

Schuhreparatur

Eines Tages waren meine Schuhe durchgelaufen. Ich brachte es meinem Heiland dar im Gebet und sagte ihm, daß ich kein Geld hätte, sie reparieren zu lassen. „Herr Jesus“, fuhr ich fort, „ich gehe jetzt mit den Schuhen zum Schuhmacher. Bitte schenke du es, daß ich die Schuhe *dann* abholen darf, wenn du mir das nötige Geld zum Bezahlen gegeben hast.“

Der Schuhmacher bestimmte den Tag, wann ich die Schuhe wieder abholen könne. So ging ich also, wie abgemacht, an diesem Tag, aber Geld hatte ich keines im Geldbeutel. Dennoch wußte ich mich vom Herrn gesandt. Ja, so wurde ich oft auf die Probe gestellt.

„Ich möchte meine Schuhe holen und die Reparatur gleich bezahlen“, sagte ich dem Mann im Laden. Die Schuhe bekam ich, aber er sagte mir nicht, was sie kosteten. „Bitte“, sagte ich freundlich, „geben Sie mir die Rechnung, ich möchte sie gerne begleichen, ich will keine Schulden machen.“ Der gute Schuhmacher ging zweimal in sein Zimmer und kam wieder zurück, brachte mir aber die gewünschte Rechnung nicht mit, sondern sagte nur: „Nehmen Sie doch bitte die Schuhe, Sie können sie ja später bezahlen.“ — „Nein“, entgegnete ich, „ich mache keine Schulden.“ Zum drittenmal verschwand er, kam nach einer Weile wieder zurück und sagte: „Ihre Schuhe sind bezahlt.“ — Wer sie bezahlt hat, weiß ich nicht, das weiß nur der Herr. Ich bedankte mich und ging und freute mich aufs neue an dem Gotteswort: „Ehe sie rufen, will ich antworten; wenn sie noch reden, will ich hören“ (Jes. 65, 24).

Die Wolldecke

Ich sollte auch noch eine Wolldecke haben. Aber es schien, als wäre nirgends eine zu finden. Schwester Barbara kam einmal mit mir aufs Land und sah irgendwo eine Halbwolldecke und sagte mir, sie hätte schon mit der Frau geredet und ihr gesagt, ich würde diese Decke kaufen. So wurde dieselbe für mich aufgehoben. Ich hatte auch wieder etwas Geld bei mir; gerade so viel, wie die Wolldecke kostete.

Dann sagte die Frau freundlich: „Schwester, ich möchte Ihnen so gerne noch etwas schenken. Schauen Sie meinen Laden an und sagen Sie mir, was Sie brauchen können!“ Sie ging dann in ihr Zimmer, und ich habe mir den Laden angeschaut, aber ich dachte bei mir selbst: „Ich sage kein Wort, was ich brauche.“ — „Herr Jesus, sag du der Frau, was sie mir geben soll!“ Ich sah da auch schwarze Wolle liegen und dachte: „Solche könnte ich ja immer gut brauchen.“

Als die Frau wieder in den Laden trat, fragte sie mich, was ich wünsche. Ich konnte ihr keine Antwort geben. Ich wollte ganz abhängig sein vom Herrn und habe ihn im Herzen gebeten, der Frau zu zeigen, was ich nötig habe. Ich habe auch nirgends hingeschaut, als wünschte ich dieses oder jenes. Plötzlich sagte sie: „Ach ja, ich weiß etwas! Schwarze Wolle können alle Schwestern gut brauchen. Ich gebe Ihnen schwarze Wolle.“ Darüber habe ich mich recht gefreut. Das war genau das, was ich auch ausgelesen hätte. Der Herr Jesus hat's gemacht. So bekam ich die Wolle und hatte die Wolldecke dazu.

„Herrlicher, herrlicher Jesus!“

Verschiedene Dinge

Eines Tages besuchte ich eine liebe Schwester, mit der ich befreundet war. Diese sagte zu mir: „Du, komm mal mit auf den Speicher, ich möchte dir etwas zeigen.“ Ich ging mit, wußte aber nicht warum. Da kam ein großer Koffer zum

Vorschein. „In diesem Koffer ist meine Aussteuer“, begann sie. „Es hat noch viele neue, schöne Sachen, die ich aber nicht mehr gebrauche. So viele Jahre leb' ich nimmer. Sag mir, was du von diesen Sachen brauchen könntest.“

Laut meinem gegebenen Versprechen sagte ich auch hier nichts. Sie packte weiter aus und zeigte mir die Sachen eins nach dem andern, meinte aber ganz plötzlich: „Du sagst ja gar nichts. Nun, das habe ich schon gemerkt, daß man mit dir auf diese Weise nicht weit kommt. Da muß ich wohl selber helfen.“ — Das war gerade, was ich wünschte. Während sie eines nach dem anderen für mich zur Seite legte, dankte ich dem Herrn Jesus, denn es waren lauter Dinge, die ich ganz dringend nötig brauchte und noch nicht hatte. — Ich besaß nämlich anfangs sozusagen nichts von alledem, was auf der Liste stand, wogegen viele der Schwestern schon dieses und jenes von zu Hause gebracht hatten. Alles, was mir meine liebe Mutter mitgeben konnte, waren ein schönes Tischtuch und Servietten und dazu noch ein wenig Stoff zu einem Nachtjäckchen. Alles andere besorgte mir der Herr.

Ich erhielt sehr viele wertvolle Dinge von jener lieben Schwester und bedankte mich ganz herzlich dafür.

Wintermantel

Einen dicken Wintermantel sollte ich auch noch dringend haben, aber ich wußte gar nicht, wo ich den herbekommen sollte. Ich habe auch niemandem etwas davon gesagt; aber einmal, als ich Freunde besuchte, fragte mich der Mann, der Damenschneider war: „Oh, Schwester Elisabeth, ich habe einen so schönen Stoff für einen warmen Mantel. Könnten Sie nicht einen solchen gebrauchen?“ — „Doch“, antwortete ich, weil er mich fragte. „Wissen Sie“, fuhr er fort, „eine Dame hatte diesen Stoff bestellt, aber als sie ihn sah, wollte sie ihn nicht haben. Nun liegt er einfach da, und ich finde keine Verwendung dafür, kann ihn auch nicht verkaufen, obwohl es ein teurer, wunderschöner und warmer Stoff aus

Wolle ist. Er ist von auserlesener Qualität und von interessanter Farbe."

Ich war hocherfreut über das Angebot und durfte mir den Stoff besehen. Die Farbe war tatsächlich so interessant, daß ich sie noch heute nicht recht beschreiben kann.

Der Schneider freute sich sehr, mir einen Mantel machen zu dürfen, und tat es mit viel Liebe und großem Geschick. Der Mantel war so schön, daß sich sogar einmal Herr Pfarrer Coerper darüber verwunderte. Ich habe dafür — und das ist doch das Wunderbare — keinen Pfennig bezahlen müssen.

„Oh, der Herr ist wunderbar in seinem Tun."

Ein Kleid

Etwas später kam ich nach Tuttlingen zu lieben Freunden, die ein Geschäft hatten. Diese sagten mir: „Schwester, unser Geschäft gehört nicht uns, sondern dem Herrn Jesus. Wir sind nur Verwalter davon. Sie reisen ja jetzt bald nach China. Suchen Sie sich bitte alles aus, was Sie brauchen und haben möchten." Welch ein liebes Angebot! — Meinem Vorsatz getreu habe ich keine Hand gerührt und meinen Mund nicht geöffnet. Ich habe auf ihren Wunsch hin die Sachen angeguckt, aber sagte kein Wort. Da meinte die liebe Frau: „Ich merke schon, daß man bei Ihnen nicht weit kommt. Da muß ich schon selber Hand anlegen. Schlüpfen Sie mal bitte in dieses Keid, das könnte Ihnen passen." Ich gehorchte und schlüpfte hinein. Das Kleid paßte mir gut, und ich habe es bekommen. Weiter fragte sie mich, ob ich noch eine Mutter habe. — „Ja", antwortete ich. — Dann hat sie meiner Mutter auch noch ein Kleidungsstück zukommen lassen. Ich habe noch allerlei Brauchbares ohne Geld eingekauft.

„Ach, wie bist du wunderbar, du herrlicher Heiland!"

Reisegeld

Bevor das Geld für meine Reise gekommen war, sagte ein Freund von Herrn Pfarrer Coerper zu mir: „Ja, Schwester, Sie wollten gerne nach China reisen? — Es ist aber gar kein Reisegeld da." Da antwortete ich mit einem Lächeln: „Oh, da sorg ich mich nicht drum; mein Vater ist Millionär, der hat Geld genug; der hat auch mein Reisegeld." Da sagte er: „So, ja; wenn Sie so reden, dann muß ich gleich den Anfang machen und Ihnen etwas geben." Er schenkte mir fünfzig Mark. Die konnte ich wieder zum Einkaufen brauchen.

„Ach Herr, wie bist du herrlich!"

Bald hatte ich all meine Sachen, die auf der Liste standen, zusammen; ja, der Herr hatte mir noch viel mehr gegeben, als ich erbeten hatte. So fragte ich denn meinen Herrn: „Lieber Heiland, für wen sind die vielen Sachen, die ich übrig habe?" — Da gab mir Jesus einen Namen an, der mir nicht bekannt war. Meine Ausstattung und auch was ich mehr besaß, war noch in Stuttgart. Ich fuhr nach Liebenzell und fragte Herrn Pfarrer Coerper, ob wir eine Schwester mit diesem Namen hätten. „Ja", erwiderte Herr Pfarrer, „wir haben eine." — „Bitte", fragte ich ganz gespannt, „*wer* ist diese Schwester?" — „Ach", entgegnete er sichtlich betrübt, „das Komitee hat beschlossen, daß diese Schwester ausreisen sollte, aber sie hat gar nichts von ihren Sachen hier. Sie wohnt in einem Gebiet, wo es des vorausgegangenen Krieges wegen nicht möglich war, ihre Aussteuer herzubekommen. So wissen wir gar nicht, ob wir sie senden können oder nicht." — Es war vorgesehen gewesen, diese Schwester mit unserer Gruppe auszusenden, aber nun war das sehr in Frage gestellt.

„Herr Pfarrer", sagte ich ganz frohgemut, „man kann die Schwester senden." — „Ja, wieso?" fragte er ganz erstaunt. Voller Freude teilte ich ihm nun mit, daß ich viele Sachen hätte für sie. Herr Pfarrer war sehr bewegt und sagte: „Bitte,

Schwester Elisabeth, schreiben Sie in meinem Auftrag sofort eine Karte an die Schwester, die sehr traurig ist. Teilen Sie ihr mit, daß sie nach Stuttgart kommen und die Sachen holen soll.“ — Das habe ich gerne getan.

Wir trafen uns in Stuttgart. Ich hatte die Schwester vorher nicht gekannt. Nun grüßte ich sie und sagte: „Alle Sachen in diesem Koffer gehören dir; Jesus hat sie dir geschenkt.“ — Die Schwester konnte nur weinen vor lauter Glück und Freude, als sie sah, daß sie soviel bekam. Und dazu durfte sie ja doch jetzt Hoffnung haben, mit uns zusammen ausreisen zu dürfen, was dann auch geschah. Es war für mich, die ich zuvor am wenigsten besaß, eine ganz große Freude, noch austeilen zu dürfen. Ja, Jesus hat sich herrlich erwiesen und hat Großes getan.

„O Herr Jesus, ich vertraue dir, meinem Heiland und Erlöser!“

IV. Schweizerreise

„So führst du doch recht selig, Herr, die Deinen, ja selig, wenn auch meist verwunderlich"

Herr Pfarrer Coerper, der Direktor der Liebenzeller Mission, ging zu einer Glaubenskonferenz in die Schweiz. Ich teilte ihm vor seiner Abreise mit, daß ich auch noch ein Weilchen zur Erholung wegginge. — Er hatte mir nämlich sehr empfohlen, mich in Mergentheim bei einer Bauernfamilie, wo ich viel Milch hätte trinken können, noch etwas zu kräftigen für die bevorstehende Reise nach China. Nun, ich war ja sehr gerne bereit, diesem Vorschlag Folge zu leisten; aber der Herr hatte einen anderen Plan für mich. Ein lieber Gottesmann wollte mir eine Freude bereiten und bezahlte mir und meinem Vater einen Ferienaufenthalt in Möttlingen in der Hoffnung, mein Vater würde dort zum Glauben kommen. Ich nahm dieses Angebot sehr gerne entgegen und reiste also in Begleitung meines Vaters und einer Freundin nach Möttlingen, wo uns recht erholsame Tage erwarteten.

Einmal in der Versammlung sagte der Herr Jesus zu mir: „Du bekommst Besuch von Frau X." Etwas später ging tatsächlich die Tür auf, und die angekündigte Frau trat ein. Nach der Versammlung fragte sie mich, ob ich willig wäre, zu einer Glaubenskonferenz in die Schweiz zu fahren? Ich ging in die Stille und fragte den Herrn, ob das sein Wille sei. „Herr", sagte ich, „ich habe ja gar kein Geld, aber wenn es dein heiliger Wille ist, daß ich in die Schweiz fahre, dann gib mir bitte etwas Geld, damit ich es bestätigt habe von dir."

Kurz darauf kam ein mir unbekanntes Fräulein auf mich zu und fragte ganz höflich: „Darf ich Ihnen etwas Geld geben für die bevorstehende Schweizerreise?" Ich war sehr überrascht zu sehen, daß schon jemand etwas wußte von dieser Reise. Dankend nahm ich das angebotene Geld entgegen.

Darauf sagte ich zu Frau X, ich sei bereit, in die Schweiz zu fahren, verschwieg ihr aber, daß ich noch nicht genügend Geld hatte. Da begann die Frau zu erzählen: „Ich hätte auf Gottes Befehl hin schon früher kommen sollen, aber ich war nicht willig zu gehorchen, weil er mir gleich noch sagte, ich solle Ihnen die Reise bezahlen. Jedoch hatte ich keine Ruhe mehr. Als der Herr mir zeigte, daß Sie in Möttlingen sind, habe ich nicht länger gezögert zu kommen. Hier ist das Reisegeld."

Die Konferenz stand gerade kurz bevor. Das hieß, daß ich mich gleich auf den Weg machen mußte. Zuerst ging es nach Liebenzell, um mich abzumelden. Hierauf begab ich mich nach Stuttgart, um den Reisepaß zu holen. Es war kurz nach dem Krieg und darum sehr schwer, Reisepässe innerhalb kurzer Frist zu erhalten. Mein himmlischer Vater gab mir aber die klare Bestätigung, daß ich den Paß sicher bekommen werde. Das Fräulein, das mir in Möttlingen einen Betrag für die Schweizerreise gegeben hatte, wollte auch mit zu dieser Konferenz fahren und mußte, genau wie ich, auch zuerst ihren Reisepaß holen.

In Stuttgart standen die Leute gedrängt auf dem Paßbüro. Kaum dort eingetreten, wurde ich von Herumstehenden gefragt: „Wo gehen Sie hin?" — „In die Schweiz", entgegnete ich. — „Da können Sie Wochen warten, bis Sie einen Paß bekommen!" — Ich betete und sagte: „Herr, du hast mich gesandt." Vor mir stand eine Krankenschwester am Schalter, die auch einen Reisepaß wünschte. Sie wurde aber sehr abweisend abgefertigt und konnte ihren Paß erst viel später abholen. Noch ein kurzes Stoßgebet, und ich stand am Schalter und bat um einen Paß für die Schweiz, da ich zu einer Konferenz fahren müsse. „Kommen Sie in zwei Stunden wieder", lautete die Antwort. Auch das Fräulein, das mitreisen wollte, konnte ihren Paß mit mir zusammen nach zwei Stunden abholen. Das hat der Herr getan! Als wir mit unseren Reisepässen das Büro verließen, staunten uns die Leute an, als ob wir vom Himmel kämen. Einesteils stimmte es schon, denn ich war ja von dorther beauftragt. So reisten wir also in die Schweiz und kamen nach Zürich, wo die Konferenz stattfinden sollte.

In der Straßenbahn, die wir mit unserem letzten Geld bezahlen konnten, bat ich den Herrn Jesus, er solle es schenken, daß ich doch Herrn Pfarrer noch *vor* dem Konferenzbeginn sehen könne. Herr Pfarrer Coerper wußte ja nicht, daß ich nach Zürich kam, und ich hätte es nicht gerne gehabt, wenn er mich plötzlich mitten in der Konferenz entdeckt hätte und ich als eine dagestanden wäre, die hinter seinem Rücken nach Zürich gereist war.

Nun, der Herr hat mich auch hier wunderbar erhört, denn als ich im Begriff war einzutreten, traf ich zu meinem großen Erstaunen mit Herrn Pfarrer zusammen, der von der entgegengesetzten Seite auf mich zukam. Er sah mich groß an: „Ja, Schwester Elisabeth, sind Sie es wirklich?" Es freute ihn, mich dort zu sehen, und er fragte mich gleich, was ich nach der Konferenz zu tun gedenke. „Ich weiß es noch nicht, Herr Pfarrer", erwiderte ich, „aber der Herr Jesus hat mir befohlen, für drei Wochen Kleider und Wäsche mitzunehmen. Weiter weiß ich nichts." –

Ich hatte keine Ahnung, zu was für einer Konferenz ich da gekommen war, kannte auch niemanden. Wir traten ein. Herr Pfarrer fragte einen Bruder, ob ich ein Zeugnis ablegen dürfe. Ich hätte viel erlebt und stünde vor der Ausreise nach China. Der Leiter der Konferenz – Bruder Fritz Berger, wie ich später erfuhr – gestattete mir zehn Minuten. Zuerst sprach Herr Pfarrer Coerper, dann durfte ich ein Zeugnis ablegen. Nach acht Minuten sagte Jesus zu mir: „Elisabeth, höre auf!" Ich gehorchte augenblicklich. Später sagte man mir, ich sei die erste Schwester, der man das öffentliche Reden erlaubt habe im Evangelischen Brüderverein, und weil ich so pünktlich aufgehört hatte, erhielt ich eine offene Tür in dieser Gemeinde, wo ich dann noch viele liebe, teure Gotteskinder kennenlernte. Preis sei dem Herrn!

Nach der Konferenz nahm mich Herr Pfarrer mit nach Hütten. Dort wurden wir von einem Prediger, einem lieben Bruder, abgeholt. Herr Pfarrer fragte ihn unterwegs, ob ich in seiner Gemeinde auch ein Zeugnis ablegen dürfte. Er antwortete sehr barsch, nur wenn ich *zeugen* könne, sonst käme es nicht in Frage. Ich fühlte aus dieser Antwort, daß mein Zeugnis dort kaum erwünscht war und bat den Herrn, es so zu wenden, daß ich nicht zu sprechen habe. Es wurde nun aber doch erwartet, daß ich ein Zeugnis geben sollte, aber es fiel mir sehr schwer, es zu tun, da ich mich nirgends aufdrängen wollte. Ich flehte ganz innig zum Herrn um seinen Beistand zu unerschrockenem Zeugen. Da öffnete sich plötzlich die Tür, ein Windstoß bewegte die Palme, die am Podium stand, und ein bis dahin für meine Augen verdeckter Spruch kam zum Vorschein: „Was du tust, das tue frisch!" Alle Angst und Not war wie fortgeblasen, und frisch und froh konnte ich mein Zeugnis geben. Nach der Bibelstunde sagte die Frau des Predigers, als wir beim Kaffeetisch saßen: „Herr Pfarrer, ich habe eine große Bitte, die Sie mir gewähren sollen. Lassen Sie uns Schwester Elisabeth für vierzehn Tage da."

So blieb ich also vierzehn Tage dort und durfte noch manches Zeugnis geben. Wieder schenkte der Herr mir eine offene Tür. Bevor ich fortging, sagte die liebe Hausmutter: „Wir haben eine Mission gesucht, für die wir in besonderer Weise einstehen möchten. Wir hatten schon verschiedene Missionsleiter hier, aber nun haben wir uns für die Liebenzeller Mission entschieden. Wir haben ja Gelegenheit gehabt, Ihre Einstellung dem Herrn gegenüber kennenzulernen; gewiß ist dies auch die Einstellung der Mission."

Das war natürlich eine ganz besondere Freude für mich; habe ich doch ein klein wenig dazu beitragen dürfen!

„Herr, wie herrlich bist du und wie herrlich ist dein Name in allen Landen!"

Von hier aus wurde ich noch an verschiedene Orte gerufen, wo mich Herr Pfarrer Coerper bei seinem Besuch gleich angemeldet hatte, um eine Missionsstunde zu halten oder ein Zeugnis zu geben. So kam ich bis in den Jura.

Nach drei Wochen reiste ich mit Herrn Pfarrer nach Liebenzell zurück. Auf dem Heimweg sagte er zu mir: „Wir wollen noch Frau Vetter einen Besuch machen." — Herr Evangelist Vetter war kurz zuvor vom Herrn heimgerufen worden. — Auf dem Wege dorthin fiel mir plötzlich auf, welch alten und abgetragenen Mantel Herr Pfarrer trug. Ich klagte diese Not dem Heiland und sagte ihm: „Ach Herr Jesus, sieh mal, was dein Knecht für einen alten Mantel trägt, und er ist doch Repräsentant von dir und deinem Missionswerk. Bitte, Herr, du hast doch bestimmt einen besseren Mantel für ihn. Gelt, gib doch bitte Herrn Pfarrer einen schönen Mantel." — Herr Pfarrer war ein sehr sparsamer Mann; er gab wirklich fast sein Letztes für die Mission. In diesem Geist sind auch wir erzogen worden. —

Kurz darauf kamen wir zu Frau Vetter. Gleich beim Grüßen sagte sie: „Herr Pfarrer, ich habe eine Bitte. Von meinem lieben Mann selig habe ich einen schönen, fast neuen schwarzen Mantel, und nun würde es mich freuen, wenn Sie diesen tragen würden zum Andenken an meinen Mann."

Daß die erbetene Hilfe so schnell hereinbrechen würde, hätte ich nie gewagt zu denken, freute mich aber so sehr, daß ich laut jubelte. Während Frau Vetter den Mantel holte, kehrte sich Herr Pfarrer ganz erstaunt zu mir und fragte: „Was ist denn mit Ihnen los, Schwester Elisabeth?" Ich erzählte ihm kurz, wofür ich soeben gebetet hatte. „Ob mir der Mantel auch paßt?" fragte Herr Pfarrer zögernd. „O ja", erwiderte ich bestimmt, „der Herr Jesus kennt doch Ihr Maß!" — Der Mantel paßte fein, und Herr Pfarrer bedankte sich herzlich und erzählte Frau Vetter, was sich da „hinter den Kulissen" abgespielt hatte. Sie war ganz beglückt darüber. Von da an habe ich Frau Vetter jedesmal, wenn ich in die Schweiz fuhr, besucht bis zu ihrem Heimgang.

Auf der Rückreise sagte Herr Pfarrer Coerper, der ja so väterlich war zu uns, ganz fröhlich: „Schwester Elisabeth, mit Ihnen gehe ich wieder fort." Das hat mich natürlich herzlich gefreut.

Bevor der Weg nach Liebenzell führte, durften wir noch eine

Schuhfabrik, in welcher alles von Hand gemacht wurde, besichtigen. Das war hochinteressant. Der Fabrikinhaber freute sich über den Besuch und schenkte Herrn Pfarrer ein Paar handgenähte Schuhe, und bevor wir weggingen, meinte der Direktor: „Die Schwester könnte gewiß auch ein Paar brauchen.“ Ich bedankte mich herzlich für die schönen Schuhe und brachte sie der mitausreisenden Schwester. Das war eine fröhliche Heimkehr nach Liebenzell.

„Du herrlich großer und mächtiger Heiland, wie bist du so gut. Anbetung sei dir!“

V. Ausreise und erste Erfahrungen in China

Für meine Ausreise nach China erhielt ich das Wort: „Denn ihr sollt in Freuden ausziehen und im Frieden geleitet werden, Berge und Hügel sollen vor euch her frohlocken mit Ruhm, und alle Bäume auf dem Felde mit den Händen klatschen" (Jes. 55, 12).

So durfte ich also fröhlich ziehen und habe auch gut aufgepaßt, ob ich die Bäume in die Hände klatschen sehe. Diese Freude drückte sich aber auf ganz andere Weise aus, wie wir noch sehen werden.

Nach unserer Ankunft in China mußten wir zuerst eine Sprachschule besuchen. In Schanghai bat ich den Herrn um ein Wort für meine Chinazeit. Da gab er mir auf wunderbare Weise dreimal hintereinander das Wort aus Psalm 37, 7: *„Rest in the Lord and wait patiently for him."* (Ruhe im Herrn und warte geduldig auf ihn.) Auch wenn ich im ersten Moment nicht recht verstehen konnte, was sich in diesem Wort alles verbarg, so durfte ich doch in der Folgezeit zur Genüge lernen, was Gott mir damit sagen wollte.

In der Sprachschule von Yangchow

Die chinesische Sprache, die allen Anfängern unsägliche Mühe bereitet, konnten wir damals nicht anders als über das Englisch erlernen. Das war mir eine Not, da ich nicht sehr gut englisch konnte. Aber der Herr Jesus tröstete mich und sagte: „Elisabeth, ich bringe dich durch! Weisheit wird in dein Herz kommen, daß du gerne lernest." Das genügte mir. Ich nahm mir vor, ganz fleißig zu lernen mit seiner Hilfe und Weisheit.

Wenn ich etwas nicht recht verstehen konnte, illustrierte mir der hilfsbereite Chinesisch-Lehrer den betreffenden Ausdruck und sagte lächelnd, ich könne das Bildlein meiner kleinen Schwester schenken. Dazu gab mir die Englisch-Lehrerin noch ganz freiwillig Nachhilfestunden in Englisch.

Im ersten chinesischen Gottesdienst, dem wir beiwohnten, paßte ich so intensiv auf, daß mir nachher der Kopf brummte. Ich war glücklich, außer „Jesus" doch wenigstens *ein* Wort verstanden zu haben. Im zweiten Gottesdienst verstand ich schon *drei* Worte. So durfte ich langsam Fortschritte machen.

Die Sprachexamen

Als es etwas später — wir waren schon auf unserer Station — zum ersten Examen ging, sagten meine lieben Schwestern zu mir: „Elisabeth, laß es nur gleich bleiben, du fällst ja doch durch." Ich ging in mein Zimmer und fiel auf die Knie: „Gelt, Herr Jesus", betete ich, „angst machen gilt nicht. Du hast nicht gesagt, daß ich durchfalle, sondern daß du mich durchbringst, und damit rechne ich." — Also lernte ich tapfer weiter, machte das Examen und bestand es mit „gut".

Später kam das zweite Examen. Da sagten meine Schwestern: „Es gibt eine schwere Übersetzung, die wir selbst fast nicht bewältigen konnten. Mach dir nur keine Illusionen, da fällst du sicher durch." Sie hatten ja, menschlich gesprochen, volles Recht, so zu reden. Es sollte ja nur dazu dienen, mein Vertrauen allein auf den Herrn zu setzen. Da hat sich der Herr aufs neue so treu und herrlich bewiesen, daß es gut ging. Das zweite Examen fiel sogar noch besser aus als das erste.

Das dritte Examen aber war zugleich eine große innere Prüfung für mich. Die Anforderungen waren ja viel höher als in den beiden vorausgegangenen, und mir machte das Lernen einfach große Mühe; aber ich gab den Mut nicht auf.

Trotz menschlicher Aussichtslosigkeit setzte ich mich hinter die Examen-Arbeit. Meine Schwestern konnten mich gar nicht verstehen. Ach, ich begriff sie ja so gut. Wie konnte ich es überhaupt wagen, so an ein Examen zu gehen; aber der Herr wußte ja, wieviel ich gearbeitet hatte. Ich erhielt meine Examen-Bogen und hatte je einen Tag Zeit, um einen Fragebogen zu beantworten. Als ich den ersten Bogen aufmachte, überfiel mich der Schlaf mit solcher Macht, daß ich kein Wort zu lesen imstande war. Was sollte ich nur tun? In mein Zimmer gehen durfte ich nicht, und im Schulraum konnte ich nicht schlafen. So bat ich um die Erlaubnis, einen Liegestuhl herzubekommen. Auf eine solche Bitte war man nun gar nicht vorbereitet und wußte nicht, ob so etwas erlaubt werden dürfe oder nicht; aber mir war so unglaublich schläfrig, daß ich sagte: „Es hilft alles nichts; ich muß zuerst zwei Stunden schlafen." Da wurde sofort Bruder Becker gerufen. Dieser erschien und fragte mich, was mir eigentlich einfalle, mitten in einem so bedeutungsvollen Examen schlafen zu wollen.

Ich antwortete, ich könne keinen einzigen Buchstaben lesen und bat nochmals um einen Liegestuhl. Man brachte mir einen, und ich legte mich schlafen. Da fiel mir noch ein, was unsere liebe Frau Pfarrer Coerper manchmal zu mir gesagt hatte, weil ich immer sehr früh aufzustehen pflegte: „Schwester Elisabeth, den Seinen gibt er's schlafend!" Nach zwei Stunden erwachte ich wieder und setzte mich froh und munter hinter den Examen-Bogen. Als ich mit dem ganzen Examen fertig war, sagte man mir: „Jetzt kannst du 14 Tage warten, bis du deine Arbeit mit dem Vermerk ‚Durchgefallen' wieder zurückbekommst."

Wieder ging ich damit zum lieben Heiland und sagte: „Nein, ich will und werde keine 14 Tage in Sorge umhergehen. Du hast mir deine Hilfe verheißen, und ich glaube es und danke dir dafür." Dann gab ich Bruder Becker meine Examen-Arbeit zum Absenden.

Als ich wieder die Treppen hochgestiegen war und mein Zimmer betrat, fiel mir ein Zettel auf meinem Tisch in die Augen. Was mochte das wohl sein? Beim Nähertreten sah ich, daß auf dem Zettel mit großen Buchstaben geschrieben stand: „EXAMEN BESTANDEN!"

Ich jauchzte und jubelte über die Güte des Herrn, der gar nicht wollte, daß ich auch nur *einen* Moment beunruhigt sei. Wer hat mir denn diesen Zettel hingelegt? Das Fenster stand offen. Ob der Zettel am Ende da hereingeflogen kam? Ich fragte jedes einzelne der Stations-Geschwister, aber niemand wußte etwas davon; es verwunderten sich aber alle.

Ich wollte nur bestätigt haben, was ich tief im Herzen glaubte, nämlich daß Jesus mir diesen Zettel selbst hingelegt hatte.

Nun möchte ich aber doch noch ganz herzlich bitten, daß niemand über meine lieben Schwestern etwas Arges denkt, daß etwa noch ein Schatten auf sie käme. Sie waren alle sehr lieb zu mir, und ich begreife ja gut, daß sie, was mein Lernen anbetraf, nicht gerade große Hoffnung hatten für mich. Aber der Herr hat mir geholfen. Dadurch wurde mein Vertrauen zum Herrn vertieft.

Als nach 14 Tagen die Examen-Arbeit zurückkam, sah ich, daß sie noch besser ausgefallen war als die beiden Arbeiten vorher. Das hat Gott getan.

Ja, es ist so, wie es in Hebräer 10, 35 heißt: „Werfet euer Vertrauen nicht weg, welches eine große Belohnung hat!"

„Du Großer, Allmächtiger, Herrlicher und Liebreicher, du mein himmlischer Vater, wie bekümmerst du dich doch um deine geringen, schwachen Kinder. Dank und Ruhm sei dir!"

Auf dem Weg ins Inland

Nach den wenigen Wochen in der Sprachschule in Yangchow wurden wir von Bruder Becker und seiner lieben Frau abgeholt. Der Schiffsweg nach China (Schanghai) hatte sechs Wochen gedauert, und der Weg ins Inland nach Yüanchow in der Provinz Hunan dauerte nochmals sechs Wochen. Zuerst fuhren wir eine Zeit auf einem Hausboot den Fluß hinauf; die letzte Strecke hatten wir zu Fuß zurückzulegen. Es gab unterwegs allerlei Schwierigkeiten, weil wir Räubergebiet durchqueren mußten. Schließlich kamen wir aber gut auf der Außenstation Mayang an. Da sagte Bruder Becker zu uns: „Geschwister, wir werden jetzt den Räubern begegnen." Da wurde uns ganz angst und bange. „Macht euch keine Sorgen und zeigt bitte keine Angst. Ich habe sie nämlich bestellt, daß sie uns abholen und beschützen."

Es war großes Regenwetter und schüttete in Strömen, als wir mit den Räubern zusammentrafen. Das erste, was geschah, war, daß die Räuber unsere Schirme nahmen, um sich vor der Nässe zu schützen, und wir mußten im Regen gehen. Als wir im Räuberdorf ankamen, sagte der Räuberhauptmann, es sei nicht möglich, bei diesem Wetter weiterzugehen, wir müßten bei ihnen übernachten. Uns gruselte schon beim Gedanken daran; denn es hatte viele Räuber, und wir sollten im Hause des Räuberhauptmanns schlafen! Aber was blieb uns anderes übrig? — Wir waren alle ganz durchnäßt, und ich konnte einfach nicht in meinen nassen Kleidern sitzen. Da gab mir die Frau des Räuberhauptmanns ein Kleid von ihr. So war ich, noch ehe ich die Missionsstation erreicht hatte, eine Chinesin geworden.

Dann sollte es zum Schlafen gehen. Wir Schwestern erhielten zwei Zimmer zugewiesen, und die Brüder bekamen auch eines; aber wir sagten zu Frau Becker: „Wir wollen alle in *dem* Zimmer schlafen, wo du schläfst; wir wollen bei dir bleiben." Wir hatten nämlich große Angst, und uns war allen sehr ungemütlich bei diesen vielen Räubern.

Nun, die Betten in China sind ja zum Glück recht groß, und Frau Becker, die uns „Neulinge" begriff, meinte: „Wenn's nicht anders geht, dann müssen eben alle Schwestern mit mir zusammen in einem Bett schlafen." Und es ging tatsächlich nicht anders, denn niemand von uns hatte Lust, ins andere Zimmer zu gehen. Damit alle in einem Bett Platz hatten, mußten wir auf chinesische Weise liegen: Die erste den Kopf oben, die zweite den Kopf unten, die dritte oben, die vierte unten, und so war das Bett besetzt.

Bei strömendem Regen ging unsere Reise weiter. Der Weg

führte von einem hohen Bergrücken ins Tal hinunter. Es war nicht ein Weg, wie wir das von zu Hause gewohnt waren. Es war ein reißender Bergbach, dessen Wasser uns bis an die Knie stieß. Immer und immer wieder mußten wir unsere Kleider einmal rechts, dann wieder links auswinden, daß wir überhaupt noch vorwärts kommen konnten. Meine neuen Schuhe, die ich trug, waren kaputtgelaufen, bis wir unsere Missionsstation erreichten. Endlich kamen wir an unser ersehntes Reiseziel, zur Stadt Yüanchow. Wir konnten aber unser Haus nur auf einem Boot erreichen, so hoch stand das Wasser in den Straßen. Beim Aussteigen und Ausladen trugen die Kulis (= Träger), die meist kleine Leute sind, unsere Sachen durchs Wasser ins Haus hinein. So wurden leider viele Kleider und Bücher verdorben, und andere Sachen haben wir gar nicht mehr zu Gesicht bekommen.

Da sagte Missionar Becker zu uns: „Geschwister, ihr gebt euch keinen Illusionen hin. Ihr habt gleich den richtigen Anfang miterlebt. Jetzt habt ihr schon eine Ahnung, wie das geht bei uns."

Ja, wir lebten tatsächlich in keinen Illusionen mehr. Wir sahen nur zu gut, wo wir hingekommen waren; aber auch da war der Herr, und wir waren glücklich, daß wir wissen durften, daß wir an den Platz geführt worden sind, wo der Herr uns haben wollte.

— Wenn wir nämlich auf *dem* Platz stehen, wo der Herr uns haben will, gibt er uns auch alles, was wir nötig haben, und er trägt uns durch. —

Erst jetzt sah ich so recht, wie wichtig es ist, sich auf einen klaren Ruf stützen zu können.

Wir priesen den Herrn und dankten ihm für seine wunderbare Bewahrung auf dem langen Weg.

Ja, der Herr ist wunderbar und treu in all seinen Führungen. Rückblickend muß ich noch heute danken und anbeten, wenn ich sehe, wie treu und gut mich der Herr geführt hat. Möchte es doch allen Lesern Mut geben, im Großen wie im Kleinen ihrem Herrn kindlich und fest zu vertrauen. Er kann alles und weiß alles und liebt uns mit seiner unendlichen Liebe von Golgatha.

„Preis sei deinem hochheiligen Namen in Ewigkeit!"

VI. Dienst in China – Im Waisenhaus

Einführung

In der Stadt Yüanchow stand das große Waisenhaus, das von Missionar Becker geleitet wurde. Bevor ich den Reisedienst aufnehmen konnte, wurde ich im Waisenhaus eingesetzt.

Das Haus beherbergte 260 Jungen verschiedenen Alters. Die älteren unter ihnen durften einen Beruf erlernen in unseren Werkstätten. Da gab es eine Schreinerei, Strumpfstrickerei, Weberei, Schuhmacherwerkstätte und Schneiderei. Jeder Knabe durfte das Handwerk ergreifen, zu dem er am meisten Lust hatte. Für die Lehrlinge gab es eine praktische Abschlußprüfung. Die verfertigten Dinge wurden ausgestellt. Verschiedene, darunter auch wohlangesehene Leute der Stadt, die sich dafür interessierten, wurden eingeladen, um sich die Prüfungsarbeiten zu besehen, was immer mit einem Festessen verbunden war. – Meistens haben diese Herrschaften dann auch einen recht schönen Betrag fürs Waisenhaus gegeben, weil die Arbeit von ihnen anerkannt und geschätzt wurde.

Weil die Waisenhauskinder gut erzogen und geschult wurden, waren sie überall sehr beliebt.

Hatten die Waisenjungen ihre Prüfung bestanden, dann durften sie irgendwo an der Straße ein Geschäft mieten und da ihr Handwerk ausüben. So hat man den Waisenjungen geholfen, selbständig zu werden. Vielfach mußte Missionar Becker ihnen nach chinesischer Sitte sogar behilflich sein, ihnen eine passende Frau zu suchen. In China werden viele Kinder schon als ganz klein verlobt. In Fällen, wo Waisenjungen schon verlobt waren, durfte dies nach chinesischer Sitte nicht aufgehoben werden. Daneben gab es jedoch auch solche, auf die niemand mehr Anspruch erhob. So hat man unter viel Gebet den Herrn um Weisung gefragt im Suchen eines passenden gläubigen Mädchens. Auf diese Weise konnten viele glückliche Ehen geschlossen werden. Es gereichte auch der ganzen Umgebung zum Segen, wenn ein gläubiges Ehepaar ein Geschäft eröffnete und damit verbunden das Evangelium weitergetragen wurde.

Die Mädchenschule, an der ich mithelfen durfte, zählte 40 bis 50 Mädchen. Ich hatte große Freude und innere Genugtuung an der Arbeit im Waisenhaus. Dort habe ich auf wunderbare Weise neue Erfahrungen der Liebe und Treue Gottes machen dürfen.

Neben dem Dienst im Waisenhaus gab es auch auf der Missionsstation viel Arbeit zu verrichten.

Alle Tage kamen Leute zu uns auf Besuch. Viele Chinesen wollten nur rasch bei uns hereinsehen. Unsere Freude war groß über jeden Besuch, denn da bot sich jedesmal eine feine Gelegenheit, etwas von Jesus zu sagen. Wer im Waisenhaus keinen Schuldienst zu versehen hatte, wurde von Frau Becker in die Gästehalle geschickt. Dort hatten wir täglich zwei Stunden unter den Chinesen zu sein, um die Sprache besser zu lernen. Das war anfangs eine ganz schwierige Sache, da wir fast nichts verstanden. Diese „praktische Sprachschule" war doch noch etwas ganz anderes als die Sprachschule, die wir besucht hatten. Das Lustige an der Geschichte war, daß uns die Chinesen immer verstanden, auch wenn wir etwas ganz Verkehrtes sagten. Sie halfen uns zurecht und leisteten uns auf diese Weise sehr wertvolle Dienste. — Die Chinesen sind nämlich sehr feine Leute und gute Denker.

Etwas später durften wir zusammen mit einer Bibelfrau in der Stadt Besuche machen. Das hat oft viel Überwindung gekostet, da man die Leute ja gar nicht kannte und die Sprache noch nicht genügend beherrschte; aber es gab keine Entschuldigung. Wir wurden nicht „geschont", sonst hätte uns der Herr Jesus ja auch nie recht brauchen können. Frau Becker prägte uns fest ein: „Schwestern, geht nie in ein Haus, wenn ihr Eile habt: ihr müßt Zeit haben für die Leute."

Als ich die Sprache und die Art der Chinesen ein bißchen besser kannte, merkte ich, daß mir die Leute dann am ehesten

Gehör schenkten, wenn ich mich mit ihnen zuerst über das unterhielt, was sie gerade taten. Da war zum Beispiel eine Frau damit beschäftigt, ihrem Schweinchen die Flöhe abzusuchen. In diesem Falle grüßte ich zuerst ganz freundlich und sagte: „So, du suchst deinem Schweinchen die Flöhe ab, das wird ihm gut tun." Mit dieser Anrede war das Ohr der Frau gewonnen.

Es ist gar nicht so einfach, sich in die chinesische Art hineinzudenken und sich an chinesische Sitten zu gewöhnen; aber doch ist dies ein ganz unentbehrlicher Bestandteil der Missionsarbeit. Wenn wir die Menschen richtig liebgewinnen, dann fällt es uns auch viel leichter, mit ihnen in echten Kontakt zu kommen.

Eines hatten wir ganz besonders zu lernen, nämlich *langsam* zu machen. Überall hieß es: „Man — man — di!" (= langsam!) „Geh langsam, dann fällst du nicht! Iß langsam, dann verschluckst du dich nicht!"

Nachfolgend möchte ich einige Erlebnisse aus dem Waisenhaus erzählen. Es sind alles Zeugnisse für unseren hochgelobten Heiland. Er hat mir nämlich in meinem ersten Urlaub, von dem auch noch die Rede sein wird, den klaren Auftrag gegeben: *„Tut seine Wunder kund!"*

Danke Gottes großer Gnade!

Es war um die Weihnachtszeit, als ein neuer, kleiner Waisenjunge von der Straße zu uns kam. Seine Eltern waren verhungert, und er sehnte sich nach einem neuen Zuhause.

Wir waren gerade daran, mit den Schülern ein Weihnachtslied einzuüben:

Danke Gottes großer Gnade,
daß er seinen Sohn uns gab.

Der Kleine war vom ersten Moment an Auge und Ohr für alles, was er Neues hörte und entdeckte. Er hatte noch gar nie etwas vom lebendigen Gott des Himmels gehört. Man sah es ihm an, daß er innerlich ganz überwältigt war, von einem Gott der Liebe zu hören.

Das Weihnachtslied war auf ein großes Stück Stoff aufgeschrieben und vorn im Zimmer angebracht, damit alle die Worte lesen konnten. Ich zeigte mit dem Stock zu den betreffenden Worten. Auf diese Weise konnten alle folgen und sich die Worte gut einprägen.

Nach der Singstunde kam der Kleine nach vorn und sagte: „Missionarin, gib mir doch bitte einmal den Stock zum Zeigen." Was er damit wollte, wußte ich nicht; ich gab ihm aber den Stock. Ohne ein Wort zu sagen, zeigte er nun das ganze Lied Wort für Wort durch. Wir saßen ganz gespannt da und fragten uns im stillen, was das wohl zu bedeuten habe. Als er fertig war, fing er wieder vorn an. Da unterbrach ich ihn und fragte: „Suchst du etwas?" — „Ja", sagte er ganz erregt, „ich suche ‚Danke Gottes großer Gnade'!"

Ich war sehr erstaunt zu sehen, daß der liebe Kleine von der Straße schon so ergriffen war von Gottes großer Gnade. „Sag mal, Missionarin", fragte mich der Junge mit ernstem Gesicht, „muß ich denn nicht sagen ‚Danke Gottes großer Gnade'? Ich bin auf der Straße fast verhungert, und nun darf ich alle Tage so gutes Essen haben."

Ich staunte über die klare Einsicht des Kleinen. Dieser fuhr noch unbeirrt weiter: „Muß ich nicht sagen ‚Danke Gottes großer Gnade'? Vorher war ich in Lumpen gehüllt, und jetzt darf ich ein so schönes Kleid tragen." Da stand er vor uns in seinem einfachen, aber sauberen Waisenhaus-Kleidchen und hielt uns eine Weihnachtspredigt, die mir unvergeßlich geblieben ist. „Und", fuhr er fort, „muß ich nicht sagen ‚Danke Gottes großer Gnade'? Früher habe ich auf der Straße geschlafen, und jetzt darf ich jede Nacht in einem schönen, guten Bett schlafen."

Es waren einfache Betten, in denen unsere Waisenkinder schliefen, sehr einfache; aber doch war es diesem lieben

Jungen, der so lange Zeit gar nichts kannte als Armut, Elend und Not, ein sehr großes Geschenk. Seinen Wunsch erfüllend, zeigte ich nochmals auf den Spruch und sagte: „Hier steht's geschrieben." Da nahm er mir den Stock aus der Hand und sagte ein übers andere Mal, indem er dorthin zeigte: „Danke Gottes großer Gnade; danke Gottes großer Gnade."

Er würde wohl noch lange so fortgemacht haben, wenn ich ihn nicht unterbrochen hätte mit den Worten: „Es ist gut so, mein Lieber."

Das war eine große Freude für uns zu sehen, wie der Herr durch seinen Geist schon an diesem Kleinen gewirkt hatte und wie groß dessen Dankbarkeit war.

Der jüngste Knabe im Waisenhaus

Im Waisenhaus hatten wir Knaben verschiedenen Alters bis zu achtzehn und neunzehn Jahren. Der jüngste war ein herziger fünfjähriger Junge. Er wurde zusammen mit noch ein paar anderen Kleinen von einer alten, gläubigen Chinesenfrau betreut, die auch bei ihnen schlief. Nicht zum Verwundern, daß er sehr an seiner „Großmutter" hing, die auch große Freude hatte an ihrem sonnigen „Enkel".

Das Büblein war sehr begabt und lernte gut und viel auswendig. Als Missionar Becker, unser Stationsleiter, seinen Geburtstag feierte, kam der kleine Liebling, gratulierte ihm und begann Psalmen und Lieder aufzusagen. Bruder Becker setzte ihn auf seine Knie und freute sich herzlich an dem sprudelnden Bächlein, das aus dem kleinen Munde quoll.

Leider ist der liebe Kleine schon früh in die Herrlichkeit abgerufen worden. Er war vom Herrn zubereitet heimzugehen. Wie gerne hätten wir ihn noch behalten. Vor dem Sterben sagte er zu seiner Betreuerin: „Gelt, Großmutter, du gehst auch mit mir, wenn der Heiland mich heimholt?"

Das ging nun aber nicht; aber er brauchte ja nicht alleine zu bleiben. Jesus hat ihn zu sich in die Herrlichkeit geholt.

Die Waisenkinder versorgen ein neugeborenes Knäblein

Es war zur Zeit des Krieges und der Hungersnot, als eines Tages ein Flüchtlingsehepaar aus einer andern Provinz bei unserer Waisenhauspforte eine kleine Strohhütte errichtete. Diese armen Leute hatten keine Heimat und kein Obdach mehr. Dazu war die Frau guter Hoffnung. So wurde eines Tages in diesem kleinen Hüttlein ein herziges Knäblein geboren. Die Mutter war sehr elend und schwach, da sie stark unter Hunger gelitten hatte.

Unsere Waisenhausknaben waren rührend besorgt um das Wohlergehen der Frau und des Bübleins, welches sie sogar ihr Brüderlein nannten. Und obwohl ihre eigene tägliche Ration immer mehr zurückging — von vier auf drei, dann auf zwei und zuletzt sogar auf eine Schüssel Reis —, sparten sie sich doch immer etwas vom Munde ab, um die Mutter zu ernähren, denn sie fühlten sich verantwortlich für ihr Brüderlein. Auf diese Weise durften die Mutter und auch das gut gedeihende Büblein gerettet werden. Das war eine große Freude für die Knaben. Täglich gingen sie zum Hüttlein und trugen das liebe Brüderlein auf den Armen umher.

Auch wir freuten uns mit, denn es war ja nur Jesu Liebe, die den Opfersinn in diesen Kinderherzen hatte wecken können.

Die Hühner vom Himmel

Die Hungersnot dauerte an. Da sagten unsere Waisenmädchen eines Tages zum Missionar: „Ach, wir wissen ja gar nicht mehr, wie Fleisch schmeckt! Bitte, gib uns doch mal wieder ein wenig Fleisch, nur einen Mundvoll." Wir hatten 50 Waisenmädchen, und jedes wollte nur einen Mundvoll Fleisch; aber wir hatten selber auch keines. Da antwortete Bruder Becker: „Wir haben leider kein Fleisch und können euch keines geben." Sie jammerten und sagten: „Wir wissen gar nicht mehr, wie Fleisch schmeckt. Hilf uns doch und gib uns einen Mundvoll Fleisch." Nochmals beteuerte ihnen der Missionar: „Hört, Mädchen, ich kann euch kein Fleisch geben. Wenn ihr aber unbedingt haben wollt, dann sagt es doch Gott! Der kann euch Fleisch geben. Bei uns gibt es keines, und auch wenn wir Tiere hätten, dürften wir sie nicht schlachten." — Es durfte nach obrigkeitlichem Beschluß kein Tier geschlachtet werden. — Nun begannen die Mädchen zu beten, daß Gott ihnen doch Fleisch geben möchte. Eines Tages hörten wir ein großes Freudengeschrei in der Mädchenschule. — Es war schwere Zeit, wo man selten jemand lachen hörte. — „Was ist denn los", fragten wir uns, „daß sie so jubeln und jauchzen?" Ganz erstaunt eilten wir hinüber. Als wir zu ihnen kamen, riefen sie voller Freude: „Der liebe Gott hat uns Fleisch vom Himmel geschickt!" — „Wo denn?" — „Da sitzt es!" tönte es im Chor, und alle deuteten auf den Boden, wo ein eingeschüchtertes Huhn saß. „Ja, wo kommt denn das her?" fragten wir. „Ein Habicht trug es in seinen Krallen und brachte es auf unseren Schulhof und setzte es da ab." Es war tatsächlich ein Wunder, daß ein Habicht da herunterkam, weil ja der Hof zwischen hohen Mauern lag. Das war eine Gebetserhörung.

Die Mädchen hatten eine riesige Freude, und wir freuten uns mit ihnen. Das Huhn war stark vom Hunger gezeichnet, darum sagten wir ihnen: „Jetzt müßt ihr's füttern, bis es dick genug ist, dann müßt ihr weiter beten; Gott kann euch nochmals eines schicken, denn eines ist ja zu klein für eine so große Familie." Sie beteten also weiter, und von dem wenigen, das sie in der Hungersnot zu essen hatten, gab jede etwas ab, damit das Hühnchen gefüttert werden konnte. Es wuchs, wurde groß und stark und schlachtreif.

Ein paar Wochen später drang eines Tages wieder ein Freudengeschrei zu uns herüber. Wir liefen zu ihnen und fragten: „Was ist denn jetzt wieder los, daß ihr so große Freude habt?" — „Ja, der liebe Gott hat uns wieder Fleisch vom Himmel geschickt! Da sitzt es!" — Und als wir hinsahen, war es wieder ein Hühnchen, aber diesmal ein etwas größeres. „Jetzt wissen wir", sagten sie ganz eifrig, „wo man Fleisch herbekommen kann. Vom Himmel herab haben wir's bekommen. Es kam wieder ein Habicht und brachte das Huhn." Dann wurden wir alle zum Hühneressen eingeladen. Wir wehrten ab und sagten: „*Ihr* habt die Hühner erbeten; jetzt füttert sie noch ein wenig, und dann kommen wir, um zuzuschauen, wie es euch schmeckt." Etwas später wurden die zwei „Hühner vom Himmel" geschlachtet und mit großer Freude verzehrt. Jedes Mädchen hat einen Mundvoll bekommen.

Wir haben oft denken müssen: Auch in schweren Zeiten, wenn nichts zu haben ist und wir keinen Ausweg wissen, können wir's trotzdem „über oben" gehen lassen. Gott hat tausend Mittel und Wege, um zu helfen.

Der Salzdieb, der sich für die Schläge bedankte

Wir hatten einen größeren Jungen im Waisenhaus, der leider öfters beim Salzstehlen ertappt wurde. Das mußte dem Missionar berichtet werden. Da ließ Bruder Becker den Jungen zu sich kommen und sagte zu ihm: „Einen Dieb können wir im Waisenhaus nicht brauchen. Du kannst deine Reisschüssel und Stäbchen nehmen und wieder auf die Straße gehen und betteln, wie du's vorher gemacht hast. Stell dir mal vor, was das für Folgen hat fürs Waisenhaus, wenn die andern Knaben dich zum Vorbild nehmen und auch anfangen zu stehlen. Das können wir nicht brauchen. Das mußt du verstehen."

Der arme Junge war ganz trostlos. Er wußte ja nur zu gut, wie es auf der Straße war und wie es ist, heimatlos umherzuirren. Er begann zu schluchzen und weinte zum Herzzerbrechen. Dann warf er sich auf den Boden und flehte: „Ach Missionar, tue alles mit mir! Schlage mich, so fest du willst, aber sende mich nicht wieder auf die Straße. Ich kann nicht mehr betteln, das ist so schwer. Bitte, vergib mir; aber sende mich nicht wieder auf die Straße. Nie wieder will ich Salz stehlen! Probiere es doch bitte nochmals mit mir."

Das war eine ganz ergreifende Szene. Missionar Becker wollte ihn ja auch gar nicht auf die Straße schicken, aber Ordnung mußte sein. Er sagte zu dem Knaben: „Steh auf und hol mir den Stock!"

Ganz beglückt brachte er den Stock. Jetzt durfte er doch bleiben, wenn der Missionar ihn strafen würde! So etwas hatte man kaum je erlebt; selbst Bruder Becker war ganz erschüttert.

So erhielt denn der Junge seine verdienten Schläge; aber er schrie nicht und weinte nicht, nein, nachdem er den Stock zurückbekam, um ihn wieder zu versorgen, kehrte er sich um und sagte, indem er sich tief verbeugte: „Ich danke dir, Missionar, daß du mich geschlagen hast. Ich danke dir, daß du mich so lieb hast und mir vergeben hast, daß ich nun das Waisenhaus nicht verlassen muß. Ich will gehorsam werden und treu sein und will nie wieder stehlen. Missionar, ich danke dir für deine große Liebe."

Bruder Becker hat uns das nachher erzählt und sagte, ihm seien die Tränen gekommen, als der Junge ihm so rührend für die Schläge gedankt habe.

Als ich das hörte, habe ich mich schämen müssen, daß ich mich zu Hause nie bedankt habe für die Zurechtweisungen und Schläge. Sofort setzte ich mich hin und schrieb einen Brief nach Hause, um nachträglich meinem lieben Vater für alle Zurechtweisungen ganz herzlich zu danken. Ich hatte einen lieben, aber sehr strengen Vater, der uns nichts durchließ.

Meine liebe Mutter schrieb mir später zurück, der Vater habe geweint, als er das gelesen habe.

Sind wir dem Herrn auch dankbar, wenn er uns in seiner großen Liebe Erziehungswege führt, die wir nicht verstehen können, und die vielleicht für unser Fleisch sehr unangenehm sind? „Denn welchen der Herr liebhat, den züchtigt er; und er stäupt einen jeglichen Sohn, den er aufnimmt. Alle Züchtigung aber, wenn sie da ist, dünkt uns nicht Freude, sondern Traurigkeit zu sein; aber danach wird sie geben eine friedsame Frucht der Gerechtigkeit denen, die dadurch geübt sind" (Hebr. 12, 6. 11).

Das sterbende Waisenmädchen

Die Hungersnot war sehr schwer. Viele Menschen starben dahin, und erschreckend viele Kinder wurden heimatlos. Durch Gottes Gnade durften wir viele dieser Kinder aufnehmen. Doch leider brach nach der Hungersnot eine schwere Epidemie aus. Da den Kindern die nötige Widerstandskraft fehlte, starben trotz sorgfältiger Behandlung auch bei uns einige.

Ein Waisenmädchen, das bei uns war, hatte zwar seine Mutter noch, aber diese hatte sich wieder verheiratet, und der neue Mann sagte: „Ich habe nur dich geheiratet; das Kind will ich nicht." Darauf kam das Kind zu uns ins Waisenhaus, durfte aber jedes Jahr für ein paar Tage heimgehen. Nun wurde dieses Mädchen schwer krank, so daß wir die Hoffnung auf Genesung aufgeben mußten. Als es am Sterben war, bat es, doch noch einmal seine Mutter sehen zu dürfen. „Ach bitte", bettelte es, „sucht doch meine liebe Mutter. Ich habe eine Mutter, die weit weg von hier auf dem Lande wohnt. Sagt ihr, sie soll zu mir kommen." Es konnte uns noch ein paar Anhaltspunkte geben, wonach die Mutter ausfindig gemacht werden konnte. Als diese von der Krankheit und Bitte ihres Kindes erfuhr, kam sie sofort her.

Als sie ans Bett ihres sterbenden Kindes trat, war sie ganz erschüttert. Sie hatte ihr Mädchen sehr lieb, hätte es ja auch am liebsten zu Hause gehabt, aber konnte nicht wegen ihres Mannes. Das kleine Mädchen sagte: „Mama, ich gehe jetzt zum lieben Heiland in den Himmel. Ich werde dich auf der Erde nie wiedersehen. Es gibt aber einen Weg, uns wiedersehen zu können, Mama, wenn du zum Herrn Jesus kommst." Dann erzählte das sterbende Kind der Mutter, was es vom Heiland wußte, und sagte unter Tränen: „Mama, bitte komme zum Herrn Jesus, daß wir uns im Himmel wiedersehen dürfen."

Die Mutter weinte bitterlich; sie kannte ja diesen Jesus nicht. Das Kind bettelte, bis die Mutter sagte: „Ja, ich will auch zu diesem Jesus kommen; ich will an ihn glauben." Des Mädchens letzter großer Wunsch war erfüllt, und seine Kräfte wichen von ihm.

Die Mutter nahm ihr Kind in großem Schmerz auf die Arme. Da sagte es noch: „Liebe Mama, auf Wiedersehn im Himmel" und neigte sein Köpfchen zur Seite und ging heim.

Die Mutter war zuerst fast untröstlich; dann aber sagte sie: „Bitte, bitte, helft mir, daß ich den Weg finde, der zum Himmel führt. Helft mir diesen Jesus finden, an den mein Kind geglaubt hat. Ich will auch zu ihm kommen."

Wie groß war unsere Freude, als die Frau einige Zeit später als Christin getauft werden konnte.

Auch Frau Becker wurde von dieser schrecklichen Krankheit ergriffen. Sie wurde so schwer krank, daß wir menschlich gesprochen fast keine Hoffnung mehr haben konnten. Man hat sie auf dem schnellsten Weg nach Hungkiang ins Krankenhaus gebracht. Das war eine gute Tagereise mit dem Boot. Wir beteten inbrünstig für ihr Leben, und der Herr hat's geschenkt, daß sie wieder genesen durfte. Es dauerte sechs Wochen, bis sie wieder gesund war. Sechs Wochen lang hat sie nur Reisschleim zu sich nehmen dürfen.

Wir dankten unserem himmlischen Vater von Herzen für seine Hilfe, seine Errettung und Gnade.

Mein Geburtstagsgeschenk

„Rufe mich an in der Not, so will ich dich erretten, so sollst du mich preisen." Ps. 50, 15

Die Hungersnot wurde immer drückender. Eines Tages sagte Bruder Becker: „Es ist leider nicht mehr möglich, alle Waisenkinder durchzubringen. Wenn wir aber 50 Knaben wegschicken, glaube ich, sollte es gehen." Damals waren noch 250 Jungen im Waisenhaus, und von denen sollten auf Ende Dezember 50 auf die Straße geschickt werden, damit nicht alle verhungern müßten. Das war für uns alle furchtbar schwer. Ich konnte es fast nicht verkraften, daß die Knaben ausgerechnet an meinem Geburtstag obdachlos werden sollten. Wo sollten sie denn hingehen? Viele von ihnen hatten Jesus angenommen; aber was sollte nun aus ihnen werden, wenn sie in Heidenhäuser kämen und dort wieder Götzen anbeten müßten? War das Wegschicken nicht fast wie ein Ausliefern? Und doch hatte man keine andere Wahl mehr. Unsere Reisvorräte waren nicht mehr groß, und der Reis war fast unerschwinglich teuer. Wir beteten viel unter Tränen und baten den Herrn, er möge doch helfen. Bruder Becker sagte: „Wenn wir eine große Gabe erhielten, dann wäre es möglich, alle Kinder durchzubringen."

Ganz gespannt warteten wir auf den Postboten, ob er nicht eine Antwort vom Himmel mitbringe; aber außer einer Kleinigkeit kam nichts.

Wir legten selbst alles Geld, das wir besaßen, zusammen, um die Not zu lindern, aber das reichte nicht weit. Dann wußten wir nichts mehr weiter zu tun, als alles den Händen dessen zu überlassen, der der Vater der Waisen ist. Er allein konnte helfen und eingreifen. Er hatte sich ja sehr herrlich bewiesen von der Gründung des Waisenhauses an bis auf diese Stunde.

Es war schon Dezember, und noch immer hatten wir kein Geld bekommen. Wir waren alle sehr traurig. Trotz unseren vielen Gebeten war noch nichts gekommen.

Nun kam der 30. Dezember. „Vielleicht sendet Gott uns doch an diesem zweitletzten Tag etwas", dachten wir hoffnungsvoll; aber es wurde Abend und Nacht, und nichts war gekommen. Der 31. Dezember brach an. Zum Morgenessen schluckten wir Tränen. Wir konnten nicht essen. Ich war in meinem Zimmer und feierte in der Stille mit meinem lieben

Heiland Geburtstag. Ich erinnerte ihn daran, daß er versprochen hatte, mir eine besondere Weihnachts- oder Geburtstagsfreude zu machen, und sagte: „Herr, ich habe so fest damit gerechnet, daß du mir eine Geburtstagsfreude machst. Schenke doch, daß die 50 Waisenkinder dableiben dürfen."

Ich legte noch einmal und wieder und wieder die große Not dem Herrn Jesus hin und bat ihn ganz innig, doch einzugreifen. „Ach, lieber Heiland, ich kann mich sonst auf gar nichts freuen, als wenn du mir die 50 Kinder schenkst."

Mit der ersten Post kam nichts und auch nichts mit der zweiten und letzten. Am Nachmittag ging ich nach unten und fragte, ob etwas da sei. Bruder Becker war ganz bleich und antwortete traurig: „Nein, gar nichts."

Da fiel ich in meinem Zimmer auf den Boden und weinte und schrie zum Herrn: „Herr, bitte sende doch jetzt Hilfe und schenke mir die 50 Waisenkinder. Sieh, ich habe mein Fenster aufgemacht, damit du mir die Hilfe vom Himmel direkt schicken kannst. Ach bitte, Herr, schenke sie mir doch!"

Als keine Aussicht mehr bestand, noch etwas zu erhalten, weinten wir alle. Ich wartete lange darauf, daß etwas zum Fenster hereinfliegen würde, aber es kam nichts.

Auf einmal rief es mit lauter Stimme: „Schwester Elisabeth!" Ich war ganz aufgeregt und eilte die Treppe hinunter, von wo Bruder Beckers Stimme heraufgerufen hatte.

Mit zitternden Händen streckte er mir ein Telegramm entgegen, das eben von einem Postboten überreicht worden war. „Lesen Sie!" sagte er. Ich las und konnte gar nichts darauf sagen. Es war eine Anweisung für einen so großen Geldbetrag, wie wir noch keinen erhalten hatten.

Niemand brachte ein Wort hervor. Wir konnten nur weinen vor Freude und lauter Dankbarkeit. Der Betrag kam aus der Schweiz vom Evangelischen Brüderverein.

Die 50 Kinder waren gerettet und durften dableiben. Ich kann nicht sagen, welche Freude mein Herz erfüllte. „Wir wollen Geburtstag feiern", rief ich fröhlich. Wie haben wir uns alle gefreut und gedankt, daß Menschenkinder haben das Werkzeug sein dürfen, uns in dieser Not beizustehen. Wir mußten staunen, wie weit es Gott gehen lassen kann, ohne aber zu spät zu kommen. Er hat seine Elisabeth nicht enttäuscht, nein, ganz herzlich beglückt mit einem herrlichen Geburtstagsgeschenk. Ihm sei Ehre und Preis in Ewigkeit.

Der Heimgang eines Siebzehnjährigen

Wir hatten einen etwa siebzehnjährigen Jungen im Waisenhaus, der den Heiland sehr liebte. Er durfte auch vielen zum Segen werden. Dann wurde er ganz plötzlich krank und kam aufs Sterbebett. „Missionarin", sagte er zu mir, „bitte, gehe doch zum Oberlehrer und sag ihm, er solle mit allen Schülern zu mir kommen. Ich gehe jetzt bald zum Herrn Jesus, aber ich möchte mich so gerne noch von den Kindern verabschieden. Sie sollen dabeisein, wenn ich heimgeholt werde."

Schnell ging ich zum Oberlehrer und richtete ihm die Bitte des Sterbenden aus. Rasch wurden die 260 Jungen aus der Schule und Werkstatt zusammengerufen, um ans Bett ihres lieben Kameraden zu kommen.

Als sich alle im Raum versammelt hatten, bat der Junge: „Ach bitte, singt mir noch einmal das schöne Lied, das wir gelernt haben: ‚Der Himmel steht offen'!" Mit Tränen in den Augen sangen wir alle das gewünschte Lied.

Dann rief der Junge mit leuchtenden Augen und ausgestreckten Armen: „Sie kommen, sie kommen! — Sie tragen weiße Kleider — sie haben Palmen in ihren Händen (Offb. 7, 9. 13—17) — und sie reiten auf weißen Pferden (Offb. 19, 14). Sie rufen mir." — Nach einer Weile sagte er nochmals mit leuchtendem Angesicht: „Sie kommen näher; sie winken mir; ich gehe heim!" Er schloß seine Augen und ging mit leuchtendem Angesicht von uns. Dieser Heimgang hat auf alle Kinder einen großen Eindruck gemacht, und manche, die vorher unentschieden waren, haben ihr Herz dem Herrn geöffnet und ihm ihr Leben geweiht.

Es war trotz des großen Schmerzes doch eine besondere Freude für uns, einen Jungen so heimgehen zu sehen. Wir dankten dem Herrn, daß er uns so etwas hat erleben lassen.

Der mutige Junge

Es war immer ein schöner Anblick, wenn unsere Waisenkinder am Sonntag in die Halle strömten. Das bewegte viele Kinder von der Straße, ihnen nachzugehen und in die Halle einzutreten.

Da wohnte auch ein kleiner Junge gegenüber, der bei seinem Vater bettelte, doch auch in die Sonntagsschule gehen zu dürfen. Der Vater war ein Heide, der nichts mit dem „neuen" Glauben zu tun haben wollte; aber er dachte sich: „Mein Junge ist ja noch klein; da versteht er noch gar nicht, um was es geht. Er ist oft allein; ich lasse ihn in die Halle gehen, dann kommt er mit anderen Kindern zusammen." So ließ er ihn also gehen.

Freudestrahlend ging der Kleine nun jeden Sonntag in die Sonntagsschule und hörte sehr aufmerksam zu. Er lernte Jesus lieben und übergab sein Leben ihm. Eines Tages, als der Knabe wieder die Götzen anbeten sollte, sagte er zu seinem Vater: „Ich kann die Götzen nicht mehr anbeten, ich glaube an den Herrn Jesus." Ganz aufgebracht über die maßlose „Frechheit" seines kleinen Sohnes entgegnete der Vater: „Junge, das will ich dir sagen, wenn du den ausländischen Gott anbetest und unsere Götzen nicht mehr verehren willst, dann schlag ich dir mit dem Beil beide Füße ab. Lieber will ich einen Jungen, der keine Füße hat und die Götzen anbetet, als einen, der Füße hat und in die Evangeliumshalle geht. Daß du's nur weißt, du bist am Sonntag zum letztenmal dort gewesen."

Das war ein furchtbarer Schlag für den Kleinen; aber er

hatte seinen Heiland schon so liebgewonnen, daß er nicht mehr von ihm zu lassen bereit war. Mochte der Vater mit ihm machen, was er wollte, er mußte seinem Heiland treu bleiben.

Als der Sonntag anbrach, ging der Vater schon ganz früh von zu Hause weg, um einkaufen zu gehen. — Die Chinesen kennen keinen Sonntag wie wir. — So brauchte der Vater diesen Tag immer, um seine Einkäufe zu machen. Da kam er meist erst am nächsten Tag wieder nach Hause. — Die Zeit zum Sonntagsschulbeginn rückte immer näher, und der kleine Knabe war fest entschlossen hinzugehen. Er kam zur Mutter und bettelte: „Gelt, Mama, ich darf zur Sonntagsschule gehen." Die besorgte Mutter gab zur Antwort: „Nein, mein Kind. Schau, wenn der Vater es erfährt, ist er sehr zornig auf dich. Er wird dich furchtbar schlagen." Ganz tapfer sagte der Junge: „Ach Mama, wenn mich auch der Vater schlägt, dann macht das nichts. Laß mich bitte gehen. Bitte, laß mich fort; der Heiland wartet auf mich."

Die Mutter dachte bei sich: „Der Vater ist ja fort. Der sieht es nicht, und vielleicht erfährt er's nicht, wenn er erst am Montag heimkommt, und wir sagen auch nichts." Sie wußte aber nichts davon, daß ihr Mann dem Nachbarn, einem eifrigen Götzenanbeter, den Auftrag gegeben hatte zu beobachten, ob sein Knabe in die Halle gehe.

Der Junge stürmte denn also voller Freude zum Haus hinaus und zur Halle hinüber, wo ihn ja der Heiland erwartete und wo er mehr von ihm hören durfte.

Als der Vater zurückkam, erkundigte er sich sofort beim Nachbarn, ob sein Sohn in der Halle gewesen sei. Dieser hatte Schadenfreude, sagen zu können: „Schau einmal, wie dein Junge dich und das, was du sagst, respektiert. Das hat wohl die neue Lehre mit sich gebracht, daß er nicht mehr gehorchen kann. Jedenfalls ist er trotz deines Verbots zur Halle gegangen."

In sein Haus zurückgekehrt, rief der Vater seinen Knaben und fragte ganz wütend: „Sag mal, bist du trotz meines

Verbotes wieder in der Sonntagsschule gewesen?" — „Ja, Vater", war die aufrichtige Antwort. „Hole das Beil", fuhr ihn der Vater an. „Ich will dich gehorchen lehren!" Der Junge eilte weg und brachte nach kurzem das gewünschte Beil und überreichte es dem Vater, wie das in China Sitte ist, mit beiden Händen. „Junge", sagte der Vater ganz ernst, „ich will dir nur eines sagen, daß dieses Beil dir die Füße abschlägt, wenn du nochmals zur Sonntagsschule gehst. Merke dir das." Am nächsten Sonntag, als der Vater schon wieder weg war, trat der Knabe zur Mutter und bettelte aufs neue: „Mama, gelt ich darf zur Sonntagsschule gehen." Die Mutter fing an zu weinen und bat ihren Jungen, doch dieses eine Mal zu Hause zu bleiben. Er wisse ja, was der Vater gesagt habe. Zuletzt konnte sie aber dem Betteln ihres Einzigen nicht länger widerstehen und ließ ihn, wiewohl mit großer Sorge, gehen.

Kaum war der Vater zurück, wußte er's auch schon und befahl dem Knaben, zu ihm zu kommen und fuhr ihn an: „Du ungehorsamer Junge; warum reizest du mich dermaßen, daß ich schließlich doch das tun muß, womit ich dir gedroht habe? Hole mir das Beil herbei." Dienstfertig brachte ihm sein Knabe, was er wünschte.

Das Beil in der einen Hand, sein Kind an der andern Hand, ging der Vater bis zur Haustür. Dort stellte er das Beil in die Ecke und sagte: „Das ist mein letztes Wort: Wenn du's nochmals wagen solltest, trotz meines Verbots in die Halle zu gehen, dann werde ich dir deine beiden Füße abschlagen mit diesem Beil, und damit du's nicht vergißt, habe ich es hier an den Ausgang gestellt, daß du daran erinnerst wirst, wenn du gehst!"

Keine Drohung des Vaters und kein Weinen der Mutter konnten den Jungen davon abhalten, am folgenden Sonntag wieder zu betteln. Die Mutter sagte ganz traurig: „Der Vater hat einen solchen Zorn auf dich, daß, wenn er's erfährt, daß du wieder gegangen bist, er dir bestimmt die Füße abschlägt, auch wenn ich mich dagegen wehren würde. Es geschieht ein großes Unglück, wenn du hingehst." — „Ach Mama", fuhr der Kleine fort, „weißt, der Heiland wartet auch heute auf mich. Gelt, du läßt mich gehen."

Die Mutter weinte, und auch der Junge weinte zum Herzerbrechen und sagte schluchzend: „Gelt, Mama, wenn der Vater mir die Füße abschlägt, dann trägst du mich bitte in die Sonntagsschule." Ganz gerührt von der Tapferkeit ihres Kindes sagte die Mutter: „Geh zur Sonntagsschule, mein Kind. Dein Gott, dem du vertraust, möge dir helfen und dich beschützen."

Die Mutter war selbst nicht mehr weit davon, durch das unerschütterliche Gottvertrauen ihres Kindes angeregt, auch zu Jesus zu kommen und an ihn zu glauben.

Frohgemut kam der Junge in die Sonntagsschule. Wenn wir auch von dem, was sich gerade gegenüber unserer Halle abspielte, keine Ahnung hatten, so wußten doch die heidnischen Nachbarsleute um so mehr davon und warteten schon mit einer verabscheuungswürdigen Schadenfreude darauf, den Jungen bei seinem Vater zu verklagen.

Als der Vater zurückkehrte, empfingen ihn die Nachbarn und teilten ihm mit: „Dein Sohn war wieder in der Sonntagsschule." Außer sich vor Zorn und zu allem fähig kam der Vater nach Hause und schrie nach seinem Knaben, der sich seinem Vater auch sofort stellte. — Was weiter vor sich ging, können wir nicht mit Bestimmtheit sagen. Jedenfalls — in dem Moment, als es aufs äußerste ging, fiel Feuer vom Himmel, so daß in einem Augenblick das ganze Haus in Flammen stand. Sofort beeilte sich der Vater, sein Geld und seine Wertsachen zu retten. Er war ja Besitzer eines Geschäftes. Da alles so blitzschnell gekommen war, dachte gar niemand ans Löschen. Die Nachbarsleute starrten entsetzt in die Feuersbrunst, und wir im Waisenhaus merkten gar nichts, sonst wären unsere Jungen sofort mit den Löscheimern gerannt.

Nun aber hörte man die um Hilfe rufende Stimme des Vaters auf der Straße: „Geht doch bitte schnell in die Evangeliumshalle und sagt, daß wir große Brandwunden haben. Sie möchten bitte rasch kommen und uns holen und die

Wunden heilen. Wenn wir geheilt sind, darf mein Sohn in die Sonntagsschule gehen."

Sofort eilte jemand der Herumstehenden zum Missionshaus hinüber, von wo aus man so schnell als irgend möglich die drei herüberholte und sie ins Krankenzimmer brachte.

Der Vater hatte Brandwunden dritten Grades. Leider konnte ihm nicht mehr geholfen werden. Nach einigen Stunden starb er unter furchtbarsten Qualen — ungerettet.

Die Mutter konnte gesundgepflegt werden und auch der liebe mutige Junge. Dieser weinte vor Freude, als ihm seine Mutter sagte, er dürfe nun unverboten in die Halle gehen.

Daß das Eingreifen Gottes auch sehr zu den Heiden geredet hat, kann man sich gut vorstellen. Sie sagten: „Der Gott des kleinen Jungen hat dem kleinen Jungen geholfen. Wir haben's mit eigenen Augen gesehen, wie Feuer vom Himmel fiel." — Da wurde es so recht deutlich, was Gott schon durch den Propheten Jeremia gesagt hat: „Wo du dich zu mir hältst, so will ich mich zu dir halten" (Jer. 15, 19).

Oh, wie wunderbar ist doch der Herr in all seinem Tun. Gelobt sei sein herrlicher Name!

Der Schuhmacher und sein Lehrling

Wir hatten einen Waisenknaben namens Liu, der das Schuhmacherhandwerk erlernte. Dieser Junge war ein eifriger und treuer Nachfolger Jesu. Auch später, als er nach bestandener Prüfung ein eigenes Geschäft auftun konnte, kam er immer fleißig zu den Versammlungen und gab auch, wie alle andern Christen, aus Liebe zu Jesus den Zehnten von seinem Einkommen, ohne daß ihn jemand dazu aufforderte. Sonntags war sein Laden geschlossen. Das war ein ganz besonderes Zeugnis, da ja die Chinesen keinen Sonntag kennen. Jedermann wußte, daß Liu ein Christ war, und er bekannte seinen Heiland auch treu.

Der Herr segnete ihn sehr, und er bekam so viele Aufträge, daß er die Arbeit nicht mehr allein bewältigen konnte. So holte er sich einen heimatlosen Jungen von der Straße, nahm ihn auf, und dieser konnte ihm als Handlanger behilflich sein. Das Geschäft blühte auf, und der Segen des Herrn war spürbar.

Auf einmal kam etwas über den jungen Schuhmacher, was uns oft bei Gläubigen große Not bereitete. Er wollte reich werden. Wenn einer sich von dieser Gier packen ließ, dann setzte sofort große Nachlässigkeit für geistliche Dinge ein. Und so ging es leider auch beim Schuhmacher Liu. Zuerst fand er keine Zeit mehr, zur Versammlung zu kommen, dann hatte er auch keine Zeit mehr, stillen Umgang zu pflegen mit Gott, keine Zeit mehr zum Bibellesen und Beten; dann tat es ihm leid, daß er sonntags sein Geschäft schloß, wo doch andere Geld verdienen konnten. Er rechnete sich aus, wie groß das Einkommen wäre, wenn er sonntags auch arbeiten würde. So machte er leider des Verdienstes wegen seinen Laden auf am Sonntag. Zum Zehntengeben reichte das Geld nicht mehr aus. Und wenn man ihn mal besuchen wollte, dann hatte er gar keine Zeit. „Du siehst ja die vielen Schuhe, die dastehen. Die müssen alle so rasch als möglich fertiggemacht sein. Ich kann mich nicht aufhalten." Und wenn man ihm noch ein Wort aus der Bibel lesen wollte, dann hatte er auch keine Zeit.

Als ihn einmal Frau Becker besuchen wollte, sah sie die große Not und erkannte, daß man da nichts anderes tun konnte als für ihn beten und auf Gottes Eingreifen warten.

Eines Tages hörten wir, daß Liu, der Schuhmacher, schwer krank sei. Wir beteten viel für ihn und baten Gott, ihn doch innerlich wieder zurechtzubringen. Dann besuchte ihn Frau Becker und sprach sehr teilnahmsvoll mit ihm. Da begann er zu weinen und sagte: „Missionarin, ich bin selbst schuld, daß ich so krank bin. Ich hatte keine Zeit mehr, die Versammlung zu besuchen; ich hatte sonntags mein Geschäft geöffnet, ich gab den Zehnten nicht mehr und nahm mir keine Zeit mehr zum Bibellesen und Beten. — Ich wollte reich werden. — Nun hat mich der Herr Jesus so schwer krank werden lassen. Ich muß sterben und bin doch erst 23 Jahre alt."

Er war tief unglücklich und weinte bitterlich. Frau Becker betete mit ihm, und der junge Mann bekannte seine Sünden und bat die Missionarin und auch den Herrn Jesus um Vergebung. Er versprach dem lieben Heiland, wenn er ihn aufrichte, ein neues Leben zu beginnen und ihm wieder so treu zu dienen wie vorher.

Als sich Frau Becker zum Weggehen anschickte, bat er flehentlich: „Ich habe noch eine Bitte. Laß mich doch ins Waisenhaus bringen, daß ich dort sterben kann." Er wollte noch einmal von Jesus hören, bevor er abgerufen würde. Frau Becker versprach ihm, sie werde ihn abholen lassen. „Liu, du darfst bei uns sterben." — Es ist ja tragisch, wenn ein junges Menschenkind mit 23 Jahren einen solchen Wunsch ausspricht.

Er wurde abgeholt und ins Krankenzimmer unserer Station gebracht, daß man allezeit nach ihm sehen konnte. Da durften ihn auch die Waisenkinder besuchen.

Wir taten unser möglichstes, um Liu das Leben zu retten. Eines Tages sagte Missionar Becker: „Gott sei gedankt, er ist gerettet; er hat die schwere Krise überstanden; er braucht nicht zu sterben."

Nun ist es aber bei allen, die diese Krankheit haben, so, daß sie sehr großes Verlangen haben nach einem sauren Gemüse, das es in China gibt; aber das ist das Gefährlichste, das man einem, der diese Krankheit eben überwunden hat, geben kann, weil dann alle Geschwüre im Magen und in den Gedärmen aufbrechen. Dann sind die Kranken rettungslos verloren.

Voller Freude hat Bruder Becker Liu die Nachricht gebracht, er sei gerettet, aber er sollte unter keinen Umständen von dem bestimmten Gemüse essen, weil das sein Tod sei.

Sein Dienstbote wurde gerufen und als Wächter ins Zimmer gestellt mit dem Auftrag, niemanden an Lius Bett zu lassen, der ihm von dem verbotenen Gemüse bringe. — Die Chinesen meinen nämlich, sie würden den Kranken einen Gefallen tun damit; aber sie verhelfen dadurch den noch im gefährlichen Stadium Stehenden zum sicheren Tod. — Der kleine Junge paßte gut auf. Eines Tages wollte ich wieder einmal nach Liu sehen, da waren etliche Waisenkinder bei ihm und redeten eifrig. Ich hatte nicht viel Zeit, betete noch mit ihm und ging weiter. Ich war kaum draußen, als einer der Waisenjungen mir nacheilte und ganz entsetzt rief: „Missionarin, komm bitte schnell, Liu ist gestorben."

„Das kann doch gar nicht sein", entgegnete ich, „ich hab ja eben mit ihm gesprochen." Jedoch eilte ich rasch ins Krankenzimmer zurück, um zu sehen, was da in der kurzen Zeit vorgefallen sei.

Als ich ans Krankenlager trat, lag Liu da wie ein Toter. Ich erschrak furchtbar. Das konnte doch nicht sein. Da war kein Pulsschlag mehr zu fühlen und kein Atem mehr festzustellen. Ich konnte es nicht fassen. Aber als ich sein Gesicht beobachtete, sagte ich: „Er ist nicht tot; er erlebt etwas."

Plötzlich schrie der scheidende Liu: „Verloren, verloren — es ist zu spät! Die Pforte ist zu eng — ich kann nicht hineinkommen!"

Wir waren ganz erschüttert. Wieder schrie er wie ein zu Tode Gequälter: „Verloren — verloren!" Dazu schlug er seinen Kopf einmal links an die Bettwand, dann wieder rechts. Wir konnten kaum mehr hinsehen. Unaufhörlich schrien wir in größter Not zum Herrn: „Erbarme dich, erbarme dich, laß ihn so nicht sterben."

Wir wußten ja nicht, was das Hindernis war, daß er nicht gerettet abscheiden konnte. „Warum", so flehte ich zum Herrn, „kann Liu nicht zu dir, Herr Jesus, in den Himmel kommen? Warum ist die Pforte zu eng?"

Sofort zeigte mir der Herr Jesus, daß da noch eine unbekannte Sünde war, die ihm den Weg versperrte. Da sagte ich zu dem Jungen des Medizinzimmers, der dabei war: „Ich gehe jetzt hinaus, und du fragst Liu, was die Sünde sei, die er noch nicht bekannt habe. Und wenn er's bekannt hat, dann rufe mich sofort wieder."

Der gläubige Waisenjunge tat, wie ich angeordnet hatte, und nach ein paar Minuten wurde ich wieder hereingerufen.

Da lag Liu ganz ruhig. Er hatte seine versteckte Sünde bekannt; man konnte es ihm ansehen. Ich begehrte nicht zu wissen, was es war, aber ich freute mich innerlich, daß er nun bereit war.

„Du, Liu", fragte ich ihn, „sag einmal, wo bist du denn vorhin gewesen, als die Waisenjungen meinten, du seist gestorben? Was hast du erlebt? Ich habe ja deinem Gesicht angesehen, daß du etwas miterlebtest, obgleich kein Lebenszeichen mehr zu spüren war."

„O ja", sagte er, „ich war an der Himmelspforte und habe in die Herrlichkeit sehen dürfen; aber als ich hineingehen wollte, war die Pforte zu eng. Ich kam einfach nicht durch. Ich konnte mich nicht hindurchzwängen. Da hörte ich eine Stimme sagen: ‚Du kannst nicht hineinkommen!' Das hat mich dermaßen erschüttert, daß ich ganz verzweifelt schreien mußte: verloren, verloren; die Pforte ist zu eng. Und dann kam ich wieder zu mir."

Der Herr hat ihn wieder zu sich kommen lassen, um ihm zu helfen, und hat ihm noch diese wunderbare Gelegenheit geschenkt, alles zu ordnen. Ich betete nochmals mit ihm und dankte dem lieben Heiland dafür, daß nun Liu alles bekannt hatte und daß nichts Hinderndes mehr vorlag. Alle andern beteten auch noch und dankten Jesus für seine Gnade. Der sterbende junge Mann hatte ein ganz verklärtes Angesicht. Plötzlich rief er meinen Namen und sagte: „Missionarin, ich darf heimgehen — ich darf heimgehen." Dazu leuchtete und strahlte sein Angesicht, als wäre die Herrlichkeit Gottes auf ihm. Tiefer Friede strahlte von ihm aus, und kaum hatte er das gesagt, so streckte er die Hände aus, jubelte und verschied. — Wir konnten gar nichts sagen, nur staunen und anbeten.

Alle Waisenkinder, die da waren und noch etwas nicht geordnet hatten in ihrem Leben, bekannten ihre Sünden. So durfte Liu noch in seinem Sterben ein Segen sein für viele.

Als der kleine Junge, den er von der Straße geholt hatte, sah, daß sein lieber Meister gestorben war, warf er sich zu Boden und schrie zum Erbarmen: „O Gott, hilf mir! Ich will auch dahin kommen, wo mein Meister hingegangen ist."

Der arme Junge hatte eben noch gar nicht viel von Jesus zu hören bekommen, aber das Sterben seines Meisters überwältigte ihn ganz.

Als Bruder Becker erfuhr, was geschehen war, sagte er sofort: „Armer Liu! Er hat von dem verbotenen Gemüse gegessen." Es kam dann heraus, daß eine chinesische Christin Liu von dem verbotenen Gemüse gebracht hatte. Sie hörte von seinem großen Verlangen, von diesem Gemüse essen zu dürfen, und paßte lange, bis der kleine Wächter einmal für ein paar Momente verschwunden war. Wir fanden dann noch eine halbe Schüssel voll davon in seinem Zimmer. Hätte er das nicht gegessen, wäre sein Leben gerettet gewesen. Aber wir waren ja alle so dankbar, daß der Herr ihn heimgenommen hatte und alles gut war.

Das Sterben des Liu war eine laute Sprache für uns alle und auch für die Waisenkinder. Andererseits wurde in seinem Heimgehen auch des Heilands große Liebe offenbar, daß er Sünden vergibt, auch wenn sie noch so schwer sind, und daß er Menschen, die nichts mehr selbst gutmachen können, mit ewiger Gnade und Liebe umfängt und beglückt, wenn sie nur kommen und ihr Herz ihm ganz öffnen.

VII. Urlaub und Wiederausreise

„Siehe, du wirst Heiden rufen, die du nicht kennst."
Jes. 55, 5

Als ich nach sieben Jahren China-Dienst in den Heimat-Urlaub fuhr, bat ich den Herrn Jesus um ein ganz besonderes Wort zur Wiederausreise. Da gab er mir die Verheißung in Jesaja 55, 5: „Siehe, du wirst Heiden rufen, die du nicht kennst; und Heiden, die dich nicht kennen, werden zu dir laufen um des Herrn willen, deines Gottes, und des Heiligen in Israel, der dich herrlich gemacht hat."

„Nun ja", habe ich gedacht, „die Heiden, die bei uns wohnen, die kenne ich ja, und ich werde kaum in ein anderes Land kommen."

Als ich aber nach dem Urlaub wieder nach China auf unsere Station zurückkehrte, durfte ich bald einmal die Bewahrheitung dieses Wortes erleben; aber davon später!

Neue Füße

Als ich in den Heimaturlaub kam, litt ich stark unter geschwollenen Füßen und Beinen. Oft flehte ich zum Herrn, er möge mir doch in seiner wunderbaren Güte begegnen und mir neue Füße schenken, damit ich in China meinen Dienst wieder ungehindert tun könne.

Während des ganzen Urlaubs trat keine Besserung ein. Ich hatte mich schon zur Wiederausreise bereitgemacht und besuchte noch die letzte Bibelstunde, an der ich teilnehmen konnte, in Liebenzell.

Ich weiß nicht mehr, über was der Bruder gesprochen hat; aber am Schluß hat er, ohne von meiner Not zu wissen, in den Saal gerufen: „Und du, du bekommst neue Füße."

Wie jubelte und jauchzte ich da in meinem Herzen, als ich das hörte. — Erst viel später habe ich dem Bruder geschrieben und ihm erzählt, daß er mir die Antwort vom Herrn habe übermitteln dürfen.

Nun, mit dem Loben und Danken war's natürlich noch nicht getan; aber ich wußte aufs bestimmteste, daß der Herr nun eingreifen würde.

Als ich am andern Morgen meine Schuhe anzog, dachte ich: „Sind die mal weit!" Meine Füße schlotterten nur so darin herum. Was war denn da geschehen? Der Herr hatte mir neue, abgeschwollene Füße gegeben als Abschiedsgruß von der Heimat.

Mit diesen „neuen" Füßen durfte ich nochmals 14 Jahre in China herumlaufen. Das war Gnade des Herrn.

Die Möwen

Auf der Wiederausreise kamen wir in einen Sturm. Die Wogen schlugen an unser Schiff, daß es nicht mehr schön war. Ich stand da und schaute zu, wie die Wellen hochgingen, sich überschlugen und in die Tiefe stürzten. Da entdeckte ich, wie sich Möwen oben auf die Wogen setzten. Ich rief ihnen zu: „Arme Möwen, jetzt stürzt ihr ins Tal!" Und weg waren sie. „Oh, die armen Vögel", dachte ich. Da sah ich zu meinem großen Erstaunen, daß sie wieder auftauchten und so mit den Wellen ein großartiges Spiel trieben.

Daraus habe ich eine Lehre ziehen können. „Wie oft weichen wir der Not aus", dachte ich, „anstatt daß wir uns in Gottes Arme werfen und uns von ihm durch die Not tragen lassen." Auch wenn die Welle der Not uns in die Tiefe trägt, brauchen wir nicht Angst zu haben. Der Herr trägt uns durch, daß wir immer *über* der Not bleiben können, und dann geht's ja auch wieder hinauf zu den herrlichen Höhen des Siegesjubels und Triumphes.

Durch den Zoll

Als ich von Deutschland nach China zurückkehrte, brachte ich nebst meinen Sachen noch viele Gepäckstücke für andere Geschwister und eine Kiste mit Arzneimitteln für unseren Missionsarzt mit. Das war mir ein bißchen eine Not, wie ich mit all den Sachen — von denen ich zum Teil gar nicht wußte, was es war — durch den Zoll kommen sollte in Schanghai. Und nun kam ich zum Zoll. Mir war ganz bange; aber ich betete, was ich so oft gebetet hatte aus Psalm 119, 173: „Laß mir deine Hand beistehen."

Der Zollbeamte befahl: „Alles aufmachen!" Mir war bange. Ich wußte ja gar nicht recht, wie ich alles erklären sollte, zumal ich ja nicht wußte, was alles zum Vorschein kommen würde. Es blieb mir aber nichts anderes übrig, als die Arzneikiste aufzumachen. Daß es Medikamente waren, wußte ich, aber ich konnte zu wenig Englisch, um die Aufschriften ins Chinesische zu übersetzen. Wohl fand ich da eine Liste, aber ich konnte die Fachausdrücke nicht übersetzen. Da befahl er mir, jemanden zu suchen, der Englisch könne, um das zu übersetzen. Ich hatte aber niemanden bei mir und hätte auch nicht gewußt, wo ich einen Übersetzer hätte holen können. Wieder schickte ich einen Seufzer nach oben: „Herr, du hast mir deine Hilfe verheißen. Erbarme dich meiner." — So antwortete ich, es sei hoffnungslos, jemanden zu suchen, der genügend Englisch könne, um das zu übersetzen. Ich selbst könne es nicht, ich wisse aber, daß alles, was auf der Liste stehe, in der Kiste sei. Als er einsah, daß da wohl nicht viel zu machen war, sagte er: „Mach eine andere Kiste auf!" — „Welche?" fragte ich. Er deutete auf eine bestimmte Kiste. Es war meine eigene. Ich öffnete sie. Da kam aber bei der Durchsuchung etwas zum Vorschein, von dem ich gar nichts gewußt hatte. Als nämlich der Beamte schnell in die Kiste hineingriff, um die Sachen auszupacken, zog er plötzlich ganz erschrocken seine Hand zurück, die mit irgend etwas ganz verschmiert war. Das sah so drollig aus, daß ich lachen mußte. Er roch an der Hand und fragte: „Was ist denn das?" — „Ich weiß nicht", antwortete ich.

Da ich im Moment gar nicht wußte, daß mir in der Heimat jemand ein Glas Marmelade in die Kiste gelegt hatte, konnte ich mir wirklich nicht vorstellen, was das war. Der gute Mann wußte nicht, was er nun tun sollte mit seinen Händen. Er mußte sie jedenfalls waschen gehen. Beim Weggehen sagte er: „Mach wieder alles zu!" — Nun sah ich die Bescherung: Da war ein zerbrochenes Marmeladeglas; aber wie sehr ungeschickt das auch sein mochte, so war ich doch dankbar darüber, denn es war zugleich meine Rettung vor längeren zollamtlichen Untersuchungen. Ich brauchte alle anderen Kisten nicht mehr zu öffnen, und so blieb mir auch das oft so schwierige Wiedereinpacken erspart.

Ja, der Herr kann oft ganz seltsame Dinge gebrauchen, um seinen Kindern zu helfen.

So verpaßte ich auch Bahn und Schiff nicht zum Weiterreisen.

Ja, der Herr ist wunderbar in all seinem Tun. Er hat tausend Mittel und Wege, um zu helfen. Preis sei seinem Namen!

Zurück nach Yüanchow

Auf dem Weg ins Inland reiste eine Schwester mit mir, die auch zu unserer Station kommen sollte; aber es war ihr so schwer, da sie dort niemanden kannte. „Mir ist so bange, dorthin zu gehen", sagte sie. „Ich kenne niemanden; ich weiß nicht, wie es dort aussieht; aber das eine weiß ich, daß dort viele Nöte auf mich warten, und davor ist mir angst."

Dann munterte ich sie immer wieder mit dem schönen Sprüchlein auf:

Und wer zur Heimat wandert,
fragt nicht viel nach dem Pfad;
er denkt nur an die Freude,
die er vor Augen hat.

Als wir nach der langen und beschwerlichen Reise auf unserer Station ankamen, sagte die Schwester zu mir: „Du hast mich überwunden mit deinem schönen Spruch."

Cholera-Epidemie

Wir waren kaum in Yüanchow angekommen, als eine schwere Cholera-Epidemie ausbrach. Ach, war das eine Not! Sofort waren wir mitten im Einsatz und eilten von einem Sterbenden zum andern, um ihnen im Wasser aufgelöste Heilerde einzuflößen.

Diese grausame Krankheit tat ihr Werk unglaublich schnell an ihren Opfern. Wer am gleichen Tag zwei Anfälle hatte, war dem Tode ausgeliefert. Wer erst *einen* Anfall bekommen hatte, konnte mit Lehm gerettet werden. Wir eilten von Haus zu Haus, um allen Leuten Lehm zu verabreichen, um so die Epidemie einzudämmen.

Etwas später besuchte ich mit meinen Bibelfrauen, von denen ich noch erzählen werde, eine Außenstation. Ich schlief auf der Schlafstelle der Helfersfrau; aber ich wußte nicht, daß sie erst vor kurzem an Cholera gestorben war. So wurde ich angesteckt und spürte, daß ich selbst von der grauenhaften Krankheit ergriffen war. Ich wußte nicht, ob ich sterben müsse. Der erste Anfall lag hinter mir. Sofort flößte man mir Lehm ein. Ich litt furchtbare Schmerzen, aber ich hatte mich ganz dem Willen meines hochgelobten Herrn übergeben. Er hatte ja Verfügungsrecht über mich. — Ich bekam noch einen zweiten Anfall, aber zum Glück nicht am gleichen Tag, sonst hätte ich sterben müssen.

Meine Bibelfrauen waren in sehr großer Not um mich. Sie knieten um mein Bett her und weinten bitterlich und rangen um mein Leben. Jede prüfte sich, ob irgend etwas in ihrem Leben noch nicht in Ordnung sei, was Gottes Eingreifen verhindern könnte. Sie bekannten alles, baten um Vergebung und dann erneut um mein Leben. Und der Herr, in seiner unendlichen Liebe, hat ihre Gebete erhört und hat mich wieder geheilt. Ja, er half mir so wunderbar, daß ich nach ein paar Tagen meine Arbeit wieder aufnehmen konnte.

Ich mußte später nur staunen, wenn ich daran zurückdachte, wie Gott uns in wunderbarer Weise am Leben erhalten hat in China, wo wir oft sehr großen körperlichen Gefahren ausgesetzt waren. Ich litt sehr darunter, daß ich wegen großer körperlicher Schwachheit so anfällig war für Krankheiten, aber ich durfte Wunder über Wunder erleben, daß ich nicht allein bewahrt wurde durch die Nöte hindurch, sondern daß ich immer noch die nötige Kraft erhielt, die große Arbeit zu bewältigen, die täglich vor mir lag. Ja, Jesus hat sich auch in China als der auferstandene Siegesheld bewiesen. „Lobsinget dem Herrn, denn er hat sich herrlich bewiesen; solches sei kund in allen Landen. Jauchze und rühme, du Einwohnerin zu Zion; denn der Heilige Israels ist groß bei dir" (Jes. 12, 5. 6). Halleluja!

Erfülltes Losungswort

Der Herr hatte mir zur Wiederausreise das schon erwähnte Wort aus Jesaja 55, 5 gegeben: „Du wirst Heiden rufen, die du nicht kennst . . ."

Eines Tages, als ich in unserer Halle außerhalb der Stadt im Begriffe war, eine Versammlung zu halten, sah ich plötzlich, daß fremde Leute vor der Tür standen und zuhörten. Schnell ging ich, um sie hereinzurufen.

Nach der Versammlung vernahm ich, daß es Kriegsflüchtlinge aus der Gegend von Schanghai waren, die fünfzig Tage unterwegs sein mußten, bis sie zu uns kamen. Sie suchten eine Wohnung in unserer Stadt, aber das war sehr schwierig. So erhielten zwanzig Flüchtlinge nichts anderes als ein kleines Zimmer. Auch die Götzen, die sie mit sich gerettet hatten, konnten ihnen nicht helfen. Sie waren ganz enttäuscht.

Als sie aber die Botschaft des Auferstandenen hörten, merkten sie bald, daß dieser Jesus auch sie liebte und auch ihnen helfen wollte. Dann gingen sie zum Fluß und warfen ihre Götzen ins Wasser und sagten: „Ihr habt uns auf unserer Flucht nicht helfen können und habt uns elend gelassen. Wir wollen nichts mehr von euch wissen."

Sie öffneten ihr Herz *dem*, der von sich sagt: „Ich bin der (einzige) Weg und die Wahrheit und das Leben!" und wurden ganz glückliche Leute. Sie kamen sehr fleißig zu den Versammlungen, und wir hatten große Freude, sie weiter zu unterrichten.

Das waren also die Heiden, die ich nicht kannte, die der Herr Jesus mir fünfzig Tagereisen weit gesandt hatte. Wohl waren es auch noch Chinesen; aber sie waren uns ja ganz fremd. Jesus hat auch äußerlich treu für sie gesorgt und hat ihnen einen größeren Raum gegeben, der allerdings etwas weiter weg war von unserer Halle; aber da sagten sie ganz fröhlich: „Jetzt dürft ihr zu uns kommen, um bei uns das Evangelium zu verkündigen, damit noch viele Menschen gläubig werden." Wir waren sehr dankbar für dieses Angebot, denn es kamen immer mehr Flüchtlinge von den Kriegszonen ins Inland, und viele von ihnen durften Jesus finden.

So konnten wir also bei den Geschwistern, die der Herr uns auf so wunderbare Weise geschenkt hatte, eine ganz schöne Arbeit aufbauen. „Gelobt sei der Name des Herrn! Er hält sein Wort! Er ist der ewig Treue!"

VIII. Allerlei Erlebnisse aus Stations- und Reisedienst

Meine Bitte um Bibelfrauen und eine Missionsreise

„Darum bittet den Herrn der Ernte, daß er Arbeiter in seine Ernte sende.“ Matth. 9, 38

Ich habe das Wort sehr zu Herzen genommen, als ich sah, daß man mit einer Bibelfrau alleine nicht weit kommt. Und dazu hatte meine liebe, einzige Bibelfrau kleine Füße, wie es bei den allermeisten Chinesenfrauen der Brauch war. — Den Mädchen wurden früher, wenn sie noch ganz klein waren, die Füße gebrochen. Da das eine ganz schmerzhafte Angelegenheit war, mußten die Füße immer eingebunden werden. Daher war es sehr schwierig für die Frauen, weit zu gehen, da sie rasch wunde Füße bekamen. — Nun klagte ich also die ganze Not meinem lieben Heiland: „Bitte, gib mir doch so viele Bibelfrauen, wie ich Finger an meinen Händen habe.“ Wir hatten ja auf der Station bereits drei Zwölfer-Männergruppen, deren Leiter ein Missionar war. Und da dachte ich für mich: „Wenn ich doch auch eine solche Frauengruppe hätte, dann könnte ich mit ihnen auf Missionsreisen gehen und mehr Leute erreichen!“

Eines Tages kam Nachricht aus Amerika, jemand möchte einen Geldbetrag geben für den Unterhalt einer Frauengruppe. Wie habe ich mich da im stillen herzlich gefreut und wollte nun sehen, wie der Herr alles Weitere übernahm.

Nun war also der erste Teil meines Gebetes erhört. Die finanzielle Unterstützung zur Aussendung einer Frauengruppe war gewährleistet.

Eines Tages sagte der Stationsleiter zu der Missionarin, die schon vor mir in China war: „Sie freuen sich doch gewiß, mit einer Frauengruppe die Dörfer zu durchziehen.“ Die Schwester lächelte und sagte: „O nein, das wäre mir etwas zuwider. Die Frauen wackeln ja alle wie die Enten, und so kann ich doch nicht durch die Dörfer ziehen; das gibt zu großes Aufsehen!"

Ich habe zufälligerweise dieses Gespräch mit angehört und zog mich darauf auf mein Zimmer zurück und sagte zum Heiland: „Ach lieber Heiland, ich habe ja die Frauengruppe erbeten, aber wenn du sie der Schwester geben willst, dann bin ich so auch einverstanden." Im stillen habe ich aber doch gehofft, daß ich sie bekommen würde.

Später einmal fragte mich der leitende Missionar: „Schwester Elisabeth, würden Sie sich freuen, mit einer Frauengruppe durch die Dörfer zu pilgern?" Mit großer Freude stieß ich hervor: „O ja, ich würde mich fest freuen." Wieder ging ich in mein Zimmer und dankte dem Herrn ganz herzlich, daß ich jetzt die Frauengruppe bekommen durfte.

Also jetzt hatten wir das Geld, und ich durfte die Frauengruppe übernehmen. Aber wo waren die Bibelfrauen? Wer würde sich dazu eignen, und wie sollte man die Auswahl treffen?

Wir kamen einmütig zur Überzeugung, daß nur ältere Witwen zu diesem Dienst eingesetzt werden könnten, weil diese zu Hause am ersten abkömmlich waren. Und dann sollten es Frauen sein, die den Heiland innig liebten und die schon Seelen geworben hatten für Jesus. — Es gab ja keine gelehrten Frauen bei uns; aber die meisten lernten doch lesen, nachdem sie gläubig geworden waren.

So machten wir unser Anliegen um eine Frauengruppe in der Gemeinde bekannt und baten um Anmeldungen zur Mithilfe. Wir verschwiegen aber nicht, daß der Dienst mit vielen Strapazen verbunden sei. Man sei täglich unterwegs, um von Haus zu Haus Leute besuchen zu gehen, und der Weg führe über Berg und Tal.

Auf unsere Bekanntmachung hin haben sich etliche Frauen zum Dienst gemeldet, und wir haben unter den Bewerberinnen diejenigen ausgesucht, die wirklich von Herzen dem

Heiland dienten. Diese Bibelfrauen wurden mir anvertraut, und ich war glücklich, zum erstenmal in meinem Leben eine eigene Familie zu haben. Das älteste Familienglied war 70 Jahre alt und die Jüngste, mich ausgenommen, zählte 45 Jahre. Ich war als Hausmutter die Jüngste von allen.

Es war gar nicht so einfach, ein geregeltes Familienleben aufzubauen, da sich jede der Frauen schon sehr stark an ihr eigenes Gedinge und ihren eigenen Lebensrhythmus gewöhnt hatte. Zu Hause brachte ihnen abends die Schwiegertochter noch das Fußwasser, damit sie ihre Füße waschen konnten. Bei mir aber hatte jede für sich zu sorgen, was solche Bedürfnisse anbelangte; aber es ging trotzdem. Jesus hat allen geholfen, sich zu befleißigen, daß in unserer großen Familie möglichst alles harmonisch verlief.

Ich hatte den lieben Heiland um zehn Bibelfrauen gebeten. Da hat er mir gleich zwölf mit auf den Weg geschickt. Er erhört eben unsere Gebete über Bitten und Verstehen.

Unser gemeinsamer Dienst war auf gemeinsamem Gebet aufgebaut. Und damit es möglich war, daß jede die erste Stunde am Morgen als stille Stunde benützen konnte, habe ich ihnen von vornherein erklärt, daß wir uns vor dem Frühstück nicht grüßen wollten, denn mit dem Grüßen setzten ja auch die gegenseitigen Fragen ein. So machten wir also ab, daß die erste Stunde am Morgen ganz dem Herrn Jesus gehöre. Ganz erstaunt sahen sie mich an und fragten: „Lin-Chiao-sr (das war mein chinesischer Name), glaubst du wirklich, daß wir es fertigbringen, eine ganze Stunde aufzusein und stillzubleiben, da wir doch alle in einem Raum oder in höchstens zwei Räumen untergebracht sind?" — „Ja", antwortete ich, „das müssen wir jetzt miteinander lernen, sonst finden wir die nötige Stille zur Sammlung überhaupt nicht." Wenn wir uns dann zum gemeinsamen Morgengebet und Morgenessen einfanden, haben wir einander einen guten Tag gewünscht, und sie haben auch fragen dürfen, ob ich gut geschlafen habe und wie's mir gehe und so fort.

Diese für die meisten ungewohnte Disziplin hat sie anfangs

ziemlich Mühe gekostet; aber es war trotzdem eine feine Übung für uns alle; auch ich habe mir Gewalt antun müssen, mich strikte an die aufgestellte Ordnung zu halten.

Diese stille Morgenstunde hat unsere ganze Arbeit merklich betaut mit Gottes Segen, und das war ja die wichtigste Voraussetzung zu unserem Dienst. Zusätzlich zur stillen Stunde und dem gemeinsamen Morgengebet hielten wir auch Bibelstunden miteinander. Es war wichtig, die lieben Christenfrauen vom Wort her in besonderer Weise für ihren Dienst vorzubereiten und ihnen ganz konkrete Anweisung zu geben, wie sie am besten von Jesus erzählen könnten.

So kam denn die Zeit, wo wir zu unserer ersten Missionsreise aufbrechen konnten. Das war natürlich für uns alle Anlaß besonders großer Freude. Der Herr wies uns in ein Räuberdorf namens Uesuwan, das in zwölf Monaten zwölfmal überfallen worden war. Viele Häuser waren abgebrannt, Leute und Vieh waren weggeführt worden! An einen solch traurigen Ort sandte uns der Herr, um den Menschen die frohe Botschaft zu bringen. Man sagte zu mir: „Ach, was willst du mit der Frauengruppe in Uesuwan tun? In vierzehn Tagen werdet ihr alle wieder zurück sein. In zwei Wochen habt ihr alle Leute besucht, und was wollt ihr dann noch tun in dem abgebrannten Räuberdorf?“ Dessenungeachtet gehorchten wir der Stimme des Herrn und zogen los nach Uesuwan.

Für die Zeit unseres Dienstes hatten wir einen besonderen Tagesplan aufgestellt, an den wir uns strikte hielten:

Morgens war also zuerst unsere stille Stunde, anschließend hatten wir Frühstück und darauffolgend eine Bibel- und Gebetsstunde. Nach der Bibelstunde zogen je zwei und zwei Bibelfrauen ihren Weg, um Besuche zu machen. Und zwar wurden die Besuche auch nach einem gewissen Schema gemacht, damit nicht eine Gruppe der anderen ins Gehege kam. Zuerst wurden die Christen des Orts besucht, dann alle Taufbewerber und dann alle Heidenfamilien. Überall hatten wir offene Türen. — Welche Freude, wenn der Herr selbst vorangeht und die Türen öffnet! — Am Abend kehrte ich mit meiner Bibelfrau etwas früher nach Hause, damit ich da war, wenn alle andern von ihren Besuchen zurückkamen. Die verschiedenen Gruppen kamen beim Betreten des Hauses zuerst zu mir und berichteten, wo sie tagsüber gearbeitet und was sie dabei erlebt hatten.

Familien, die in besonderer Weise unsere Hilfe brauchten, wurden extra vorgemerkt und anhand der eingegangenen Informationen auch der Plan für den nächsten Tag aufgestellt. Wir freuten uns alle von Herzen an dem, was der Herr durch unseren Dienst tat. Es war wirklich eine gesegnete und wunderbare Arbeit, die wir für ihn tun durften.

Aber da war noch ein Problem, das uns anfangs sehr beschäftigte: Wer sollte uns kochen? Die Frauen mit ihren kleinen Füßen können nicht gut so lange in der Küche stehen, um für 13 Leute zu kochen. Ich unterbreitete mein Anliegen dem Prediger dieses Ortes. Da antwortete dieser: „Oh, das paßt ja fein. Ich habe einen Neffen, der Koch ist und momentan gerade arbeitslos ist." Wie habe ich mich herzlich gefreut zu erleben, daß der Herr Jesus schon alles so fein vorbereitet hatte, ohne daß wir es ahnten. Dieser Neffe war auf der Suche nach einer neuen Stelle, war aber tatsächlich gerade frei und kam auf unsere Anfrage hin ohne weiteres, um für uns zu kochen. Er hat uns gut gekocht, und wir waren alle froh, daß wir dadurch vom Küchendienst entbunden wurden und uns ganz der Missionsarbeit widmen konnten.

Wir bekamen viel Not zu sehen und erlebten Leid und Freude in diesem Räuberdorf. Wir luden die Leute ein, in die Halle zu den Gottesdiensten zu kommen, und oft kam es vor, daß wir auf unseren Gängen durchs Dorf Leuten begegneten, die uns durchs Fenster riefen, wir möchten doch ja zu ihnen ins Haus kommen. Die Leute, die wir besuchten, luden oft auch ihre Nachbarsleute ein, und so konnten wir die frohe Botschaft tatsächlich in jedes Haus bringen. Wir waren beinahe zwanzig Wochen in diesem Dorf und erhielten 45 Menschen als Taufbewerber. — Wenn einer sich als Taufbewerber meldete, dann hieß es, daß er schon viel von Jesus gehört und ihm auch sein Herz geöffnet hatte und ihm von Herzen nachfolgen wollte. — Daß sich nach einer so kurzen Zeit so viele Menschen entschlossen hatten, verwunderte uns sehr, denn in den meisten Fällen brauchten die Chinesen fast ein Jahr, bis sie soweit waren, Jesus in ihr Herz aufzunehmen. Die Leute in diesem Dorf hatten ja sehr schwere Zeiten durchgemacht, und das war mit ein Grund, daß sie innerlich so schnell zubereitet waren zur Nachfolge.

Vielen Leuten war alles verbrannt und geraubt worden. Das war keine einfache Sache. Die Räuber hörten auch von unserem Aufenthalt in dem Dorfe. Sie kamen daher, errichteten sich eine kleine Hütte und wohnten unseren Gottesdiensten bei. So hatten wir regelmäßig viele Zuhörer in unseren Versammlungen. Auch Dorfbewohner, die geflüchtet waren, kehrten aus allen Richtungen wieder in ihre alte Heimat zurück. Das Wirken des Geistes Gottes war spürbar. Die Leute begehrten, mehr von Jesus zu erfahren, und wir fühlten, daß sie unsere Botschaft aufnehmen und verstehen konnten. Wir unterrichteten die Leute auch im Lesen.

Sogar etlichen Kranken, die in diesem Dorfe waren, durfte geholfen werden. Blinde wurden sehend, Lahme konnten gehen, und eine Aussätzige wurde rein. So haben wir etwas von der Wahrheit des Wortes Jesu erleben dürfen, das er dem betrübten Johannes zum Trost ins Gefängnis gesandt hatte (Luk. 7, 22). Die Freude über alles Geschehene im Dorf war wirklich groß.

Es interessiert euch gewiß auch, ihr lieben Leser, wie es unserer 70jährigen Bibelfrau ergangen ist. Ich hatte schon vor unserem Weggang nach Uesuwan den leitenden Missionar gefragt: „Was fang ich denn mit der 70jährigen Frau an? Von der kann ich doch nicht verlangen, daß sie mit uns über Berg und Tal eilt."

Der Missionar aber war anderer Meinung: „Schwester Elisabeth, Sie werden noch froh darüber sein, eine alte Frau zu haben. Sie müssen jemanden haben, der zu Hause in der Halle bleibt. Es wäre gut, wenn nebst dem jungen Prediger-

Ehepaar auch noch eine alte Christin da wäre, die Besuche empfangen könnte; denn wenn die andern laufend Hausbesuche machen, werden etliche von den Leuten die Halle aufsuchen, um einen Gegenbesuch abzustatten, und das läuft oft den ganzen Tag. Da wird bestimmt immer wieder jemand hereinschauen, wenn auch nur aus bloßer Neugierde; aber solche Gelegenheiten kann man wunderbar ausnützen, um den Leuten von Jesus zu erzählen." Ich war sehr dankbar für den Hinweis und staunte dann, als ich sah, wie recht der Missionar hatte.

Als die alte Christin etwas davon hörte, daß ich Bedenken hatte, sie mit auf die Missionsreise zu nehmen, sagte sie zu mir: „Ach, es war ja schon so lange mein Wunsch, doch dem Herrn Jesus ganz zu dienen. Nun ist mein Mann gestorben, und ich bin frei; laß mich bitte mitgehen."

So hat uns also die liebe alte Christin begleitet und hat in dem Dorfe den „Hallen-Besucher-Dienst" übernommen. Wir sagten nämlich den Leuten des Dorfes oft: „Besucht doch mal unsere Halle!", und das haben tatsächlich auch viele gemacht. Es war eine wahre Freude zu sehen, welch ein Geschick die alte Christin hatte, mit den Leuten ein Gespräch anzuknüpfen und ihnen von Jesus zu sagen. Sie war eine der wenigen ihres Alters, die lesen konnte. Sie kannte ihre Bibel gut. Ihr Hauptthema war „Die Herrlichkeit Gottes". Sie war sehr darauf eingestellt, immer etwas von der himmlischen Herrlichkeit zu erzählen. Sobald sie jemand in der Nähe des Eingangstores bemerkte, trat sie heraus und sagte: „Komm doch ein wenig herein und trinke Tee." — Das läßt sich der Chinese nicht zweimal sagen.

Beim Teetrinken fragte die Frau ihre Eingeladenen immer das gleiche: „Hast du auch schon in den Himmel geschaut?" — „Ich", klang es höchst erstaunt, „in den Himmel geschaut? Nein, noch nie. Hast *du* denn schon hineingeschaut?" — „Ja, ja", antwortete die Christin nickend und übers ganze Gesicht strahlend, „ich weiß, wie es im Himmel aussieht." So etwas hat natürlich die Leute gepackt, denn sie wollten doch brennend gerne wissen, wie es im Himmel aussieht.

„Bitte, so sag uns doch, wie es im Himmel ist." — „Ich lese es dir gerade vor, wie es dort ist", antwortete sie und las den Besuchern die beiden letzten Kapitel der Bibel vor. Dann mußte sie noch viel darüber erzählen. Es war, als wäre sie schon droben zu Hause. Sie wußte, was da und dort war; aber das Wichtigste war immer Jesus Christus, das Lamm Gottes und seine Herrlichkeit.

Die Zuhörer waren jedesmal richtig überwältigt von dieser Beschreibung des Himmels, daß sie ein großes Sehnen bekamen, selbst einmal an diesen Ort zu kommen. Sofort fragte die Bibelfrau, an die Erzählung anknüpfend: „Willst du nicht auch einmal dahin kommen? Möchtest du nicht auch die Perlentore sehen? Würdest du nicht auch gerne auf den goldenen Gassen gehen?" — „Doch, gerne!" war die Antwort. Solche Seligkeit wollte doch keiner verpassen.

Nun ging die Christin dazu über, ihren Zuhörern von Jesu Kommen zu sagen und erklärte ihnen, wie er gelitten und geblutet hat und gestorben ist wegen unseren Sünden, damit wir nicht verlorengehen müssen, wenn wir nur an ihn glauben. — Sie konnte den Leuten das Evangelium so anschaulich und einfach vor Augen führen, daß viele sich entschlossen, diesen einen Weg, Jesus Christus, zu suchen und zu gehen.

Als wir wußten, welch einen feinen Dienst die liebe alte Frau in der Halle leistete, haben wir bei unseren Besuchen den Leuten erst recht geraten, es doch nicht zu unterlassen, einen Besuch in der Halle zu machen. Und das war wohl der Grund, warum wir so viele Taufbewerber bekamen.

Als wir fühlten, daß unsere Arbeit im Räuberdorf getan war, befahlen wir die Bewohner der Gnade Gottes und überließen die Gläubigen und die Taufbewerber dem Prediger des Ortes zur weiteren Betreuung. Alle 45 durften nach einem Jahr getauft werden. Wie war da unser Herz voll Freude und Dankbarkeit.

Und weiter zogen wir über Berg und Tal, um Seelen für Jesus zu gewinnen. Es war kein leichter Dienst für die Frauen, aber der Herr half wunderbar. Da gab es Dörfer, die von Bergen ganz eingeschlossen waren, oder dann waren es einzelne Häuser, die auf verschiedenen Hügeln verstreut lagen; aber wir nahmen keine Rücksicht auf uns. Wenn nur der Name Jesu verbreitet werden durfte. Deswegen hatten wir uns ja auf den Weg gemacht.

Später hat der Herr uns wieder an einen bestimmten Platz geführt, wo wir keinen Koch fanden. Jedoch war eine Frau bei uns, die sagte, sie würde viel lieber das Feuer schüren zu Hause und uns kochen, als mit uns zum Besuchemachen ausziehen; ihr liege das Reden einfach nicht. So war uns denn auch wieder geholfen. Ich mußte überhaupt staunen, wie sehr sich die Frauen einander anpaßten und wie bald sie es gelernt hatten, die erste Stunde morgens in der Stille mit dem Herrn zu verbringen. So haben wir zusammen dem Herrn in besonderer Weise dienen können.

Viele Menschen haben durch diesen Dienst Jesum finden dürfen. Ganz besonders freute uns noch zu erleben, daß der Herr nach seiner Verheißung auch viele Kranke heilte und daß den Armen das Evangelium gepredigt werden konnte. Sogar Besessene wurden frei.

Gelobt sei der Name des Herrn; denn er hält, was er verspricht.

Frau Liang, die getauft werden wollte

„Folge mir nach!" Luk. 5, 27

Der Mann, der uns jeweils für unsere Reisen die Kulis besorgte, hieß Liang. Er war gläubig und ein treues Glied unserer Gemeinde. Seine Frau wollte auch an Jesus glauben. Sie wurde gläubig, aber sie konnte keine Herrschaft über ihren Mund gewinnen. Zweimal schon stand sie vor der Taufe, und jedesmal fing sie ganz kurz vorher einen Streit mit jemandem an. Wir ermahnten sie: „Wenn du an den Heiland glaubst, dann rechne damit, daß er dir hilft, daß du nicht mehr zanken mußt. Wir können dich nicht taufen, wenn du dich in Streitereien verwickelst und dich mit den Leuten in Unannehmlichkeiten begibst."

Man sah ihr an, wie fest betrübt sie darüber war, daß sie nicht getauft werden konnte, und sie bat den Missionar, ihr zu helfen. Wir haben viel für diese Frau gebetet, daß sie doch ihren Mund zu etwas Richtigem gebrauchen würde. — Sie hatte ja schon versucht, Menschen zum Herrn Jesus zu bringen, aber wenn diese dann ihr Verhalten beobachteten, dann war es ihnen nicht mehr so wichtig, was die Frau sagte.

Eines Tages kam eine Arme zu Frau Liang. Diese Frau hatte 200 Haarnetze gemacht und einem Mann verkauft, der sie weiterverkaufen wollte. Der Mann aber betrog die arme Frau, indem er behauptete, er habe ihr das Geld für die Haarnetze schon gegeben. So kam die Frau in ihrer großen Not zu Frau Liang und klagte ihr das Leid.

„Komm mit", sagte Frau Liang zu der armen Frau, „wir gehen zu dem Käufer. Ich werde dem Mann meine Meinung sagen." — Vielleicht war jetzt die Stunde da, wo sie ihren raschen Mund zum Guten gebrauchen konnte.

Die beiden Frauen kamen zu dem Betrüger. „Du hast die Frau da nicht bezahlt", sagte Frau Liang ganz streng. „Die bekommt ihre 200 Haarnetze bezahlt, davon kannst du überzeugt sein!" Der Mann erwiderte: „Ich habe ihr das Geld bereits gegeben, und wenn ihr mir nicht glaubt, dann kommt nur mit mir zu dem kleinen Götzentempel. Ich werde dort vor dem Götzen bekennen, daß ich das Geld bezahlt habe. Der Götze wird mir recht geben, der hilft mir. Ich habe der Frau das Geld gegeben."

„Gut", sagte Frau Liang, „wir kommen beide mit." Bei dem Götzenschrein angelangt, rief der Mann den Götzen um Hilfe an. Er beteuerte, er habe doch der Frau das Geld gegeben. Frau Liang und die arme Frau standen daneben und hörten eine Weile zu. Nachdem der Betrüger sein Gebet beendet hatte, befahl Frau Liang: „So, jetzt bleib mal stehen. Jetzt komme ich dran." Und dann öffnete sie ihren Mund zum

Gebet und rief den lebendigen Gott laut und inständig um Hilfe an. Sie erzählte Gott, wie alles gegangen war, und daß der Mann ein Betrüger sei und der Frau kein Geld gegeben habe. So betete sie fort und fort. Dem Manne, der dabeistand, wurde es immer ungemütlicher zumute. Der Schweiß brach ihm aus, aber die Frau hörte nicht auf zu beten, bis Gott eingriff. Plötzlich fing der Mann an, am ganzen Leibe zu zittern. Es überfiel ihn eine jähe Furcht vor der Gegenwart des lebendigen Gottes. Er dachte, dieser Gott könne ihn plötzlich vernichten, wenn er nicht zur Wahrheit stehe. Rasch griff er in seine Tasche und streckte der armen Frau zitternd das Geld für die Haarnetze hin. „Nimm das Geld", sagte er mit erregter Stimme; „ich habe es dir wirklich nicht gegeben."

Wie haben wir uns herzlich gefreut, als wir die Geschichte erfuhren, daß Frau Liang ihren Mund doch einmal für etwas Gutes gebraucht hatte. „So", haben wir zu ihr gesagt, „nun wirst du am nächsten Sonntag getauft; aber wir wollen dich erst noch abhören, was du vom Herrn Jesus weißt und ob du ihm wirklich leben willst." Unsere Taufbedingung faßte sich in den drei Worten „bekehrt, bewährt, begehrt" zusammen. Also, bekehrt war sie ja schon längere Zeit, und nun hatte sie sich auch noch bewährt. Sie hat nach ihrer Taufe noch vielen den Weg zu Jesu weisen dürfen. Sie hat die bewahrende Macht des Blutes auch für ihren Mund anzuwenden gelernt und durfte dafür eine Segensträgerin werden.

Durch drei Flüsse — Beweis der Liebe

Nimm die Füße, mach sie flink,
dir zu folgen auf den Wink.

Ich denke gerne an jene Christin zurück, die auf einer Außenstation regelmäßig unsere Versammlungen besuchte. Sie hatte einen weiten und schweren Weg zu gehen; aber trotzdem war sie zu unserer großen Freude immer wieder da. Eines

Tages faßte ich den Entschluß, diese Frau einmal zu besuchen. „Wenn die Frau in unsere Versammlung kommt, dann werde ich wohl auch zu ihr gehen können; das ist ja der gleiche Weg", dachte ich. Als ich sie das nächste Mal sah, versprach ich ihr meinen Besuch. „Oh", rief sie aus, „du kannst nicht zu mir kommen, und du tust es besser auch nicht." — „Ja, warum denn nicht?" fragte ich. „Es ist ein sehr beschwerlicher Weg, zu beschwerlich für dich", meinte die Chinesenfrau. Doch mit diesem Bescheid gab ich mich nicht zufrieden, sondern entgegnete ihr: „Wenn du den Weg, zu uns zu kommen, nicht scheust, dann scheue ich den Weg, zu dir zu kommen, auch nicht."

„Weißt", fuhr die Christin fort, „wenn du zu mir kommen willst, mußt du durch drei Flüsse waten." — „Also", sagte ich bestimmt, „wenn du das kannst, dann kann ich das auch." Und dabei blieb es.

Nun fragte ich meine Bibelfrau, ob sie bereit sei, mit mir zu kommen, auch wenn wir drei Flüsse zu durchwaten, d. h. einige Male unsere Strümpfe und Schuhe aus-, und anzuziehen hätten. Sie sagte zu.

So zogen wir denn los. Es war tatsächlich keine Kleinigkeit, zu dem Haus der Christin zu gelangen; zudem war das Wetter fast unerträglich heiß.

Am ersten Flüßchen angelangt, blieben wir stehen und zogen zum erstenmal Strümpfe und Schuhe aus. Dann wateten wir Hand in Hand, um uns gegenseitig vor dem Umfallen zu schützen, durch das nicht allzutiefe Wasser. Wir landeten glücklich auf der anderen Seite und fragten uns, ob wir es wagen könnten, den Weg bis zum nächsten Fluß barfuß zu gehen. Der Sand war heiß und unsere Haut nicht an die rauhe Unterlage gewöhnt, aber wir haben es trotzdem riskiert.

Als der Sand aber gar zu heiß wurde und unsere Füße beinahe wundgelaufen waren, sahen wir es für unumgänglich an, Strümpfe und Schuhe wieder anzuziehen. Bald darauf gelangten wir ans Ufer des zweiten Flusses. Natürlich war auch hier weit und breit keine begehbare Brücke zu finden. Wie wohltuend war das kühle Flußbad nach dem heißen Wüstensand! Wir brachten es tatsächlich fertig, unsere Strümpfe und Schuhe unter dem Arm zu behalten, bis die Wasser des dritten Flusses hinter uns waren.

Endlich kam das Haus unserer lieben Christin zum Vorschein. Der Empfang war ganz herzlich. Die Frau wußte gar nicht, was sie vor lauter Freude sagen sollte. Sie rief nur in einem fort: „Du hast mich lieb; du hast mich lieb!" Gerade das haben wir beide der lieben Frau ja beweisen wollen. Wir hatten miteinander eine ganz gesegnete, wenn auch kurze Zeit der Gemeinschaft unter dem Wort. Das Herz der Christin war weit geöffnet für die frohe Botschaft, die wir ihr mitbrachten. Auch Gläubige haben es nötig, daß sie gestärkt werden und daß man ihnen allerlei erklärt und erzählt, damit ihre Freude am Herrn und ihre Lebenstüchtigkeit zunehmen kann. Wohl nie werde ich den Jubelton der Frau vergessen können: „Du hast mich lieb!" Ach, wie wenig braucht es oft, um Liebe zu beweisen. Hier hat es uns freilich etwas mehr gekostet; aber die Freude war um so größer.

Allerdings war der Heimweg nicht leichter als der Hinweg. Wieder die gleiche Strumpf- und Schuhgeschichte und das Waten durch die drei Flüsse! Als wir heimkamen, waren wir ganz befriedigt. Ich dachte für mich: „Jetzt bist du wieder einmal ganz richtig Missionarin gewesen." Ich habe mir während meines Dienstes in China, wenn etwas an mich herankam, was nicht gerade verheißungsvoll aussah, zugesprochen: „Das gehört dazu!" Und wenn etwas dazu gehört, dann gibt es kein Widerreden, nur Loben und Danken.

Der lungenkranke Junge

In unserer Nachbarschaft lebte eine ganz arme Familie. Der 15jährige Junge war in hohem Grade lungenleidend; aber trotzdem schleppte er sich Tag für Tag mit Ölküchlein (= kleine Reisküchlein in Öl gebacken) zum Flugplatz, um diese dort den Ankommenden zum Verkauf anzubieten. Er war aber bei weitem nicht der einzige Küchleinverkäufer, und so mußte er meistens den ganzen Tag auf dem heißen Flugplatz bleiben und brachte abends viele Küchlein wieder heim. Das wenige Geld, das er erworben hatte, reichte selten zum Kauf der allernotwendigsten Lebensmittel. Die armen Eltern hatten oft nichts zu essen als die sonnenverbrannten alten Küchlein, die ihr Junge am Abend heimbrachte. Es war nicht verwunderlich, daß der Knabe immer kränker wurde, zumal die Flugplatzluft und die heiß brennende Sonne alles andere als gesund waren für ihn.

Ich lud diesen Jungen eines Tages zu mir ein und erzählte ihm vom Herrn Jesus. Was er da zu hören bekam, interessierte ihn so brennend, daß er immer wieder auf Besuch kam, bis er eines Tages das Heil in Christus fand. Ich freute mich natürlich sehr, die große Veränderung in seinem Leben feststellen zu können. Einmal sagte er zu mir: „Missionarin, du hast gesagt, man dürfe Jesus alles sagen, und er erhöre Gebete. Kann denn der Herr Jesus nicht auch helfen, daß ich meine Ölküchlein besser verkaufen kann?“ — „O ja, das kann er bestimmt“, antwortete ich. „Wir wollen's ihm gleich sagen.“ Beide haben wir nun das Anliegen vor den Herrn gebracht und ihm auch für seine Hilfe gedankt. — Nach zwei Stunden war der Junge schon wieder zurück und hatte kein Ölküchlein mehr. Er war ganz glücklich. Ich fragte ihn, wie das käme, daß er schon wieder da sei. Ich wußte ja gut, daß viele Kinder auf dem Flugplatz ihre Ölküchlein zum Verkauf anboten und leider oft nur wenige absetzen konnten. Er erzählte freudestrahlend: „Nach unserem gemeinsamen Gebet machte ich mich auf den Weg zum Flugplatz. Kaum war ich dort angelangt, als ich auch schon umringt war von Männern, die zu mir sagten: ‚Du, Junge, wir möchten gern deine Ölküchlein haben!‘ Und dann haben sie alle meine Küchlein gekauft, und nach einer Stunde hatte ich keine mehr.“

Mit dem Geld, das er heimbrachte, konnte seine Mutter Reis kaufen. Von da an kam er täglich nach kurzer Zeit wieder heim und brachte den Eltern das Geld. Wieder einmal sagte er zu mir: „Missionarin, Jesus hat so wunderbar erhört wegen den Küchlein. Kann er nicht auch machen, daß mein Lungenhusten weggeht und ich gesund werde?" — „Doch", erwiderte ich, „das kann der Herr Jesus auch tun, wenn es sein heiliger Wille ist. Wir wollen ihn gleich darum bitten."

So haben wir gemeinsam auch diese Bitte vor den Herrn gebracht. — Und was geschah? — Der Lungenhusten ging immer mehr zurück, die Anfälle wurden seltener, und plötzlich blieben sie aus. Der Junge wurde ganz gesund. So haben wir die Herrlichkeit des Herrn erleben dürfen. Ja, Jesus erhört Gebete. Wie erquicklich und tröstlich ist es zu wissen, daß er allezeit über uns wacht und den Seinen herrlich hilft.

Der chinesische Offizier, der durchs Lesen der Bibel zur Wiedergeburt geführt wurde

„... als die da wiedergeboren sind, nicht aus vergänglichem, sondern aus unvergänglichem Samen, nämlich aus dem lebendigen Wort Gottes, das da ewiglich bleibt" (1. Petr. 1, 23).

Eines Tages kam ein Offizier zu mir in die Halle. Er trug ein kleines Testament in seiner Hand und redete mich mit folgenden Worten an: „Kennst du das Büchlein?" — „Ja", erwiderte ich ganz verwundert, „das ist ein Neues Testament." Der Offizier fuhr fort: „Ich habe dieses Büchlein geschenkt bekommen. Ich bin noch nie hier in der Halle gewesen, habe auch bis dahin nichts von Gottes Wort gewußt. Aber jetzt weiß ich, daß dieses Büchlein Gottes Wort ist, denn als ich darin las, hat es aus mir einen anderen Menschen gemacht. Geh über die Straße zu meinen Truppen, die können dir erzählen, was ich für ein Mensch gewesen bin und was ich alles angerichtet habe in meinem furchtbaren Jähzorn, so daß jedermann Angst hatte vor mir. Aber frag nur meine Soldaten, ob ich noch der gleiche sei. Ich bin ganz frei vom Zorn. Ich kenne mich selbst kaum mehr. Ich kann zu allen lieb und freundlich reden, auch wenn sie böse oder ungehorsam sind. Das kommt alles davon, daß ich dieses Büchlein gelesen habe. Dieses Büchlein ist Gottes Wort, und das hat mich ganz verändert. Ich glaube alles, was darin geschrieben steht. Ich glaube an Jesus Christus und an den lebendigen Gott, und ich bin so froh und dankbar, daß es jedermann sehen kann, daß ich nicht mehr zornig zu werden brauche." Wie habe ich mich herzlich gefreut über dieses Zeugnis eines „Heiden", der noch *nie* unter der Predigt des Glaubens gewesen war, aber durch das Lesen des Neuen Testaments, durch die verborgene Kraft Gottes eine neue Kreatur geworden ist. Der Offizier war ein wiedergeborener Mensch, ein Erlöster von Sünden, ein vom Zorn Befreiter. Dabei fiel mir gerade Graf Zinzendorfs Vers in Abwandlung ein:

Ich sprech zum Zorn, zum Neid, zum Geiz:
Dafür hing ja mein Herr am Kreuz!

Wenn der Herr für den Zorn am Kreuz hing, dann brauchen wir also nicht mehr zornig zu werden. Und so hat es dieser Offizier erlebt. Wie wunderbar ist doch Gott, daß er den Menschenkindern nachgeht in seiner ewigen Gnade, und daß er durch seinen Geist und durch sein Wort Neugeburten wirkt.

Gelobt sei Jesus Christus, der mächtig und herrlich ist. Er ist der Lebendige und Auferstandene, dessen Wort nicht wieder leer zu ihm kommt, sondern tut, was ihm gefällt, und ausrichtet, wozu es gesandt ist (Jes. 55, 11).

Die allezeit betende Chinesin

„Betet ohne Unterlaß!" 1. Thess. 5, 17

Es kam einmal eine Heidenfrau in unsere Versammlung, um von Jesus zu hören. Sie war sehr aufmerksam, kam das nächste Mal wieder und hatte sehr bald das nötige Verständnis für den Heiland, dem sie ihr Herz auftat und ihm nachfolgte. Sie lernte Jesus als ihren Erlöser kennen und lieben, und bald ließ sie sich als Taufbewerberin eintragen.

Kurz darauf merkten wir, daß die Frau nicht mehr zur Versammlung kam. Stand es nicht gut mit ihr? Hatte sie jemand vom Glauben abbringen oder von der Versammlung abhalten können? Ich besuchte sie und erkundigte mich nach dem Grunde ihres Fernbleibens. Da erzählte sie: „Ich möchte ja gerne jedesmal kommen, aber weißt, ich habe Angehörige und Verwandte, die noch nicht gläubig sind. Denen erzählte ich vom Herrn Jesus, was ich wußte. Ich habe ihnen gesagt, daß sie zum Heiland kommen sollen, der sie von allem Bösen erlösen könne und ihnen gerne den Herzensfrieden geben möchte. Damit sie es aber noch besser lernen können, wie man gläubig wird, schicke ich sie zur Versammlung. Und das ist der Grund, warum ich nicht kommen kann, weil doch jemand das Haus hüten muß."

Wie mußte ich über den Missionssinn dieser Frau staunen, als ich das hörte. Unbeirrt fuhr sie fort: „Weißt, ich möchte nicht alleine getauft werden. Es ist mein großer Wunsch, daß noch etliche aus unserem Hause dazukommen."

Ich fragte nun die Frau: „Kannst du denn beten?" — „O ja", antwortete sie voller Freude, „ich kann beten. Ich bete viel." — „Schön", erwiderte ich, „wann betest du denn?" Ich dachte, daß sie wohl nach dem Aufstehen oder vor dem Zubettgehen bete und vielleicht auch bei Tisch. — „Ich bete den ganzen Tag", gab die Frau mit großer Überzeugung zur Antwort. — „Ja, was betest du denn?" fragte ich weiter, „und wofür bittest du?" — „Wenn ich morgens aufstehe, dann danke ich dem Heiland für den guten Schlaf und daß ich gesund aufstehen kann. Und dann", fuhr sie fort, „komme ich zum Frühstück und danke ihm für das gute Essen. Nach dem Frühstück geht's an die Arbeit. Ich habe viel Arbeit. Der Garten, den ich zu besorgen habe, ist groß; aber weißt du, seit ich den Heiland kenne, danke ich ihm für jedes Pflänzlein, das da draußen wächst, und wenn ich etwas holen kann zum Essen, dann danke ich, daß er's hat wachsen lassen und gesegnet hat. So bete ich auch immer, wenn ich ins Dorf gehe, daß er mich begleite und ich den Weg nicht alleine zu gehen brauche ..." Auf diese Weise fuhr sie noch lange fort. Ich verwunderte mich ganz gewaltig, das zu hören und erst noch von einer Frau, die wohl Jesus ihr Herz schon geschenkt hatte und bereit war, dem Heiland zu folgen, aber die ja erst Taufbewerberin war, d. h. also erst ganz kurze Zeit von Jesus wußte.

So etwas hatten wir vorher noch gar nie gehört, daß ein Mensch, der aus tiefem, dunklem Heidentum ans Licht gelangte, so bald diesen inneren Kontakt mit Jesus pflegte. Bei uns in der Heimat würde man sagen, die Frau habe eine gute Telefonverbindung nach oben gehabt, und jedenfalls hat sie auch Jesu Stimme hören dürfen, wenn er zu ihr sprach. Sie konnte ja nicht lesen; aber sie hat sich trotzdem innig an ihrem Heiland gefreut und hat etliche ihrer Lieben herzugebracht, die dann mit ihr getauft werden konnten. Nach ihrer Taufe durfte die Frau erst recht noch vielen zum Segen werden durch ihr anhaltendes Gebet und auch durch ihr Zeugnis.

Die lahme Frau und ihr Traum

Eines Tages wurde eine vornehme Dame in einem Tragstuhl in die Halle gebracht. Unsere Halle war ja sehr geräumig, so daß man ohne weiteres mit dem Tragstuhl hereinkommen konnte. Wir fragten sie: „Warum kommst du mit dem Tragstuhl herein?" — „Ach", antwortete sie, „ich bin eine lahme Frau, und letzte Nacht kam im Traum eine weißgekleidete Person sehr freundlich auf mich zu — das muß wohl euer Gott gewesen sein — und sagte zu mir: ‚Gehe in die Evangeliumshalle, da wird man dir sagen, was du tun sollst.' Nun bin ich gekommen. Ich bin zum erstenmal hier und weiß nicht, was ich jetzt tun soll."

„Nun haben wir gleich Frauenstunde", erklärten wir ihr, „da kannst du zuhören." Wir ließen die Dame in ihrem Tragstuhl sitzen, da es ihr nicht gut möglich war, denselben zu verlassen; sie war ja ganz gelähmt. Sie hörte gut zu und konnte etwas aufnehmen, aber noch nicht viel. So kam sie immer und immer wieder zu den Versammlungen, bis sie Frieden fand.

Sie konnte nun froh bekennen, daß Jesus ihr persönlicher Heiland und Erlöser sei, der sie angenommen habe. Sie wurde eine ganz glückliche Frau.

Nach einer Bibelstunde sagte sie: „Nun bin ich gläubig geworden, und der Herr Jesus hat mir zu einem neuen Leben verholfen. Kann er mich nicht auch dem Leibe nach heilen?" Freudig antworteten wir: „Ja freilich kann er das." Die Botschaft, daß der Herr Jesus während seines Dienstes auf Erden viele Kranke gesund gemacht hatte, gehörte als ganz wichtiger Bestandteil zu unserer Predigt. Und da erwachte im Herzen dieser gläubigen Frau der Wunsch, doch Jesus auch als Arzt erfahren zu dürfen.

„Bitte", sagte sie, „betet für mich, daß ich gesund werde." Wir beteten für sie, und sie glaubte, daß der Herr sie anrühren könne.

Zu einer der nächsten Versammlungen brachte sie einen Stock mit. „Ja, was willst du denn mit deinem Stock?" fragten wir gespannt. — „Ich warte darauf, daß der Herr Jesus mich anrührt und mich gesund macht. Dann will ich ohne Tragstuhl nach Hause gehen; aber da ich so schwach bin, habe ich einen Stock mitgebracht, um mich ein wenig stützen zu können."

Sie vertraute also dem Herrn, daß er sie heilen würde, und wir haben weiter im Glauben für sie gebetet. An einer der nächsten Versammlungen stieg sie aus dem Tragstuhl und sagte: „Jetzt gehe ich zu Fuß nach Hause, der Herr Jesus hat meine und eure Gebete erhört; ich bin gesund."

So durften wir oft erleben, wie der Herr in das Leben der armen Heiden eingriff und sie zum Glauben führte und auch ihre leiblichen Gebrechen heilte. Ja, er heißt nicht vergebens *Heiland*. Er ist der beste Heiler. Gelobt sei sein Name in Ewigkeit!

Frau Liang und ihr krankes Kind

Unsere Chinesen sind nicht so ängstlich wie wir. Wenn ein Kind krank ist, sagen sie nicht: „Wir müssen zu Hause bleiben, unser Kind ist krank", sondern: „Heute ist Sonntag und Gottesdienst, da nehmen wir unser krankes Kind mit zur Versammlung. Der Herr Jesus kann es ja heilen, und vielleicht will er es gerade heute tun." Und so haben wir es tatsächlich oft erlebt.

Frau Liang hatte ein krankes Kind, das sehr hohes Fieber hatte. Wir wußten nicht recht, ob es Typhus war oder was ihm fehlte. Nun kam die Frau mit dem schwerkranken vierjährigen Kindlein auf dem Arm zur Gebetsstunde. Anschließend fand der Gottesdienst statt. Der Prediger erzählte, wie Jesus Kranke geheilt hatte, als er auf Erden war. Dann rief er fragend in die Versammlung hinein: „Kann er das heute auch noch tun?" Wie aus einem Mund antwortete die Gemeinde: „Ja, das kann er heute noch tun."

Nach dem Gottesdienst kam Frau Liang zu mir, das Kind immer noch auf ihren Armen haltend, und bat mich, für ihr Kind zu beten. „Ja", sagte ich, „ich werde zu Hause gerne beten für dein Kind." — „O nein, nicht zu Hause! — Hast du nicht gehört, was der Prediger heute erzählt hat von Jesu Wirken und Helfen? Hast du nicht gehört, wie er gefragt hat, ob Jesus noch heute Wunder tun und Menschen heilen könne? Bitte, so bete jetzt mit dem Kind, daß es gesund wird."

Ich fragte die Frau: „Glaubst du, daß Jesus dein Kind jetzt heilen kann?" — „O ja", gab sie zur Antwort, „das kann er!"

Gut, ich habe für das Kind gebetet und den Heiland angefleht, dem Kleinen doch das Fieber wegzunehmen und es ganz gesund zu machen. Kaum hatte ich amen gesagt, als Frau Liang am Hals und Köpflein des Kindes spürte, ob das Fieber weg sei. Man sah aber mit bloßem Auge, daß das Kind noch Fieber hatte. — Nun haben die Chinesen noch eine andere beachtenswerte Charaktereigenschaft: Frau Liang würde es *nicht* wagen zu sagen: „Gott hat das Gebet nicht erhört, das Fieber ist ja noch da." Sie glauben, daß Gott Gebete erhört, und wagen es nicht, seine verheißene Hilfe anzuzweifeln. Jedoch schaute mich Frau Liang fragend an, als ob sie sagen wollte: „Ja, und jetzt? Das Kind hat noch hohes Fieber? Hat Gott nicht erhört?"

Ich tröstete sie und sagte: „Sei nur nicht in Sorge um dein Kind. Wir haben's jetzt dem Heiland gesagt, und der Herr Jesus hat's gehört. Geh du jetzt nur nach Hause und danke dem Heiland, daß das Fieber weicht. Und wenn wir uns wiedersehen, erzählst du mir, wie wunderbar Gott geholfen hat."

Frau Liang ging heim und dankte dem Heiland für seine Hilfe. Das Kind hatte noch den ganzen Tag Fieber; aber am nächsten Morgen war es ganz gesund.

Zwei Tage darauf, am Dienstag, hatten wir Heidenfrauenversammlung. Zu diesen Versammlungen kamen auch immer Christenfrauen, um ihr Zeugnis zu geben und zu erzählen, wie Gott ihnen begegnet sei in der vergangenen Woche. Ich saß wie üblich außen an einer Bankreihe, da ich immer bereit sein mußte, den Ankommenden in irgendeiner Weise behilflich zu sein, oder auch kleine Kinder zu besänftigen, wenn sie zu schreien begannen. Nun kam kurz vor Beginn der Versammlung plötzlich eine Heidenfrau auf mich zu, setzte sich neben mich und schob mich beim Absitzen in die Bankreihe hinein. Das war doch sonst gar nicht die Art der Frauen, denn sie wußten ja, daß ich außen sitzen mußte. Ich wußte nicht, was das bedeuten sollte, verhielt mich aber ganz ruhig, brauchte auch nicht aufzustehen bis zum Schluß der Versammlung und freute mich herzlich an dem, was ich hörte.

Als die Versammlung vorüber war, sagte die Heidenfrau zu mir: „Siehst du meine geschwollene Hand?" Dabei zeigte sie mir eine Hand, die hochaufgeschwollen und schon ganz dunkel war wie bei einer schweren Blutvergiftung. „Willst du nicht für meine Hand beten, daß sie wieder gesund wird?" Jetzt kam ich in große innere Not. Wie sollte ich mit einer Heidenfrau beten, wenn ich nicht wußte, ob der Herr sie anrühren wollte? Ich kannte die Frau ja gar nicht, wußte auch nicht, ob sie zu glauben bereit war, oder ob sie dann wieder zu den Götzen ginge und denen für die Heilung dankte. So betete ich im stillen: „Bitte, Herr Jesus, gib mir Klarheit, ob du die Frau anrühren und ihre Hand heilen willst. Laß es mir als Bestätigung dienen, daß, wenn ich die Frau frage, ob sie etwas über dich weiß nach dieser ersten Versammlung, sie doch schon etliches erfaßt hat." — Chinesenfrauen, die zum erstenmal zur Versammlung kamen, verstanden meistens überhaupt nichts. — So habe ich denn gefragt: „Sag mal, bist du zum erstenmal hier?" — „O ja", entgegnete die Heidenfrau, „ich bin nie zuvor hier oder in einer solchen Versammlung gewesen." — „Hast du denn etwas verstehen können?" forschte ich weiter. „Ja, ja", nickte sie, „ich habe viel verstanden." — „Schön, was hast du denn verstanden?" drang ich weiter in sie. „Ich habe verstanden, daß Jesus der Heiland ist und daß er Gottes Sohn ist und daß der Gott im Himmel der rechte Gott ist. Und dann habe ich verstanden, daß dieser Heiland am Kreuz gestorben ist und für die Menschen geblutet hat." — „Weißt du", unterbrach ich, „daß er auch für dich geblutet hat?" Das wußte sie nun nicht; aber ich staunte zu hören, wieviel die Frau schon erfaßt hatte.

„Willst du nicht an Jesus glauben?" fragte ich sie dann. — „Doch, gerne", meinte sie, „aber ich kenne ihn noch nicht so recht. — Willst du jetzt nicht für meine kranke Hand beten? Weißt, ich würde selber beten, aber ich weiß ja nicht, wie man mit deinem Gott redet." — Die Heiden sind sehr vorsichtig und ängstlich, wenn sie zu Jesus kommen wollen. Sie haben Angst, ihn anzusprechen im persönlichen Gebet, weil sie nicht wissen, wie man den großen Gott in würdiger Weise anredet. Und sie möchten Gott nicht in ungebührender Weise begegnen.

„Glaubst du denn, daß der Herr Jesus deine Hand heilen will und kann?" frage ich weiter. „O ja", gab sie bestimmt zur

Antwort. „Warum kommst du denn zu mir und denkst, ich könne für deine Hand beten, daß sie wieder gesund werde?" Da sagte sie: „Siehst du da drüben die Frau?" — Dort war Frau Liang. — „Diese Frau hatte ein krankes Kind, das nicht gesund werden wollte. Sie hat's am Sonntag mit zur Versammlung gebracht, dann hast du mit ihm gebetet, und am nächsten Tag war das Kind gesund. Frau Liang ist meine Nachbarin und hat mir das alles erzählt und mir geraten, ich solle kommen, damit du mit mir beten könnest für meine geschwollene Hand."

Jetzt ging mir ein Licht auf, warum mich die Frau so in die Bankreihe hineingeschoben hatte. Sie kannte mich ja nicht, und als Frau Liang ihr zeigte, wo ich saß, wollte sie ihrer Sache sicher sein, da sie Angst hatte, sie würde mich sonst nach der Versammlung nicht mehr finden.

Nun hatte ich die innere Gewißheit, daß der Herr Jesus ihr helfen wollte. So fragte ich sie nochmals: „Was glaubst du denn, *wann* der Herr Jesus dich heilen will?" Darauf erwiderte sie bestimmt und fröhlich: „Ha, jetzt!" — „Gut, dann wollen wir beten." Ich betete mit der Frau und bat Jesus, er möge doch die Hand wieder gesund machen und der Frau so helfen wie dem kleinen Mädchen von Frau Liang. Nach Beendigung meines Gebetes war die Hand immer noch geschwollen. Die Frau sagte nichts, aber schaute mich ganz groß und fragend an. — „Jetzt machst du's auch so wie Frau Liang", riet ich ihr, „du dankst dem Heiland dafür, daß er die Hand angerührt hat, und die Schwellung wird zurückgehen. Aber das möchte ich dir noch sagen: Wenn die Hand abgeschwollen ist, darfst du nicht zu den Götzen laufen und denen danken; dann danke dem Heiland, sonst möchte ich nicht, daß ich mit dir gebetet habe."

„Nein, nein", meinte sie ganz entschlossen, „zu den Götzen laufe ich jetzt nicht mehr. Ich will dem lebendigen Gott vertrauen, der Frau Liangs Kind gesund gemacht hat."

Die Frau bedankte sich sehr höflich und ging erleichtert fort und tat wirklich, was ich ihr geraten hatte. Sie dankte dem

Heiland in einem fort für seine Hilfe, und am andern Tag war ihre Hand abgeschwollen. Ich vernahm es nicht sofort; aber am Donnerstag kam eine Frau zur Halle. Ich sah, wie sie sich am Eingang schon rechts und links umschaute, als suche sie jemanden. Ich erkannte sie im Moment nicht und ging zu ihr und fragte, wen sie suche. „Ach", sagte sie voller Freude, „da bist du ja, da bist du ja. Dich habe ich gesucht." Sie streckte mir beide Hände entgegen und fragte mit strahlenden Augen: „Welche Hand war geschwollen?" Ich konnte es wirklich nicht mehr herausfinden, so schön und gesund sahen beide aus.

Wie habe ich mich herzlich gefreut über diese wunderbare Gebetserhörung und noch ganz besonders darüber, daß der Herr Jesus eine Nachfolgerin mehr erhalten hat. Lob und Dank sei dem teuren Jesusnamen.

WEITERE BÜCHER DER GLEICHEN AUTORIN:

Tut seine Wunder kund
Erlebnisse einer Chinamissionarin II
TELOS-Taschenbuch Nr. 18, 120 Seiten

In diesem Buch liest man mit zunehmender innerer Freude von den Wundern, die Gott unter Menschen tut, die ihm völlig vertrauen. Zuerst ist es die China-Missionarin selber, die diese Wunder Gottes erfährt. Dann sind es die Menschen, denen sie durch Wandel und Zeugnis die frohe Botschaft verkündigt – Kindern im Waisenhaus, Armen und Reichen, Kindern und Greisen, Soldaten, Götzenpriestern und Moslems. Das Buch kann dem Leser ein Ansporn werden, seinem Gott völlig und ganz zu vertrauen.

Wunderbar sind seine Wege
Erlebnisse einer Chinamissionarin III
TELOS-Taschenbuch Nr. 19, 128 Seiten

Wenn man das gehaltvolle Büchlein mit den ausgewählten Erlebnissen einer Chinamissionarin, die hier abgeschlossen vorliegen, bis zu Ende gelesen hat, wundert man sich eigentlich nicht darüber, daß – wie es im Nachwort heißt – die bisherigen Veröffentlichungen einen überraschend guten Anklang gefunden haben. Es sind lebendig geschriebene Erzählungen von wunderbaren Führungen und Gebetserhörungen, die die Verfasserin in guten und in schweren Tagen ihres Lebens und Dienstes in China und daheim erlebt hat. Sie will uns Mut machen zur Nachfolge, zur Hingabe im Glauben und Dienst.

WEITERE BÜCHER AUS UNSEREM VERLAG (AUSWAHL):

Karl Kalmbach
Südseeidylle – Illusion und Wirklichkeit
TELOS-Taschenbuch Nr. 489, 120 Seiten

Dieses Buch enthält 8 Erzählungen, alle aus Neuguinea. Und zwar geht es hier nicht um die direkte Arbeit der Missionare, sondern um Leben und Glauben der Einheimischen. Einige der Titel: Der ängstliche Passagier – Bedrohte Freiheit – Das Geheimnis um Samuels Tod. Ein Buch, spannend geschrieben, das uns dieses geheimnisvolle Land etwas aufschließt. Der Autor war etwa 20 Jahre als Missionar dort tätig.

John Dekker/Lois Neely
Fackeln der Freude
Vorwort von Don Richardson
EDITION C Nr. C 212, Ppb., 184 Seiten

„Fackeln der Freude" ist die dynamische Geschichte über die Ereignisse bei einem Steinzeitvolk, das keine geschriebene Sprache hatte, nur Steinwerkzeuge gebrauchte und Opfer eines alten Aberglaubens war, bis es mit dem Evangelium von Jesus Christus konfrontiert wurde. Die herrliche Umwandlung dieses „verborgenen Volkes" ist eine der ermutigendsten Geschichten der christlichen Gemeinde in diesem Jahrhundert.

Pauline Hamilton
Wende am Abgrund
Ein Lebensbericht
EDITION C Nr. M 90, 264 Seiten

Pauline – damals Studentin – fährt mit dem Auto von zu Hause fort, um durch einen vorgetäuschten Unfall Selbstmord zu begehen: zuviel hatte sich an Problemen aufgehäuft. An der vorletzten Kehre platzt ein Reifen. . .
Gott rettet ein Leben. Was Pauline Hamilton weiter erlebte, in eigentlich zum Tode führender Krankheit, im Dienst unter Straßenjungen und Studenten, das und vieles andere schildert sie in dieser packenden Autobiographie.